証券会社がひた隠す

米国債投資法

元ゴールドマン・サックス証券
マネージング・ディ
株式会社ゴールド
杉山

JN217132

KKベストセラーズ

証券会社がひた隠す 米国債投資法

まえがき

◆証券会社はなぜ米国債を勧めないのか？

「米国債なんて聞いたことがない」という人が大半かと思います。無理もありません。これまで証券会社を始めとする日本の金融機関は、積極的に米国債を勧めることはありませんでした。

では、なぜ証券会社は米国債を勧めないのでしょうか。

答えは簡単です。手数料を稼ぐことができないからです。

金融機関にとって手数料は、大きな収益源のひとつです。その手数料を稼げない商品をいくら販売しても、金融機関にメリットはありません。

もし、米国債のような〝顧客にとってのみ〟メリットがある商品を積極的に売ろうとしている営業マンがいたら、すぐに左遷されてしまうでしょう。金融業もビジネスです。やはり利益が重要なのです。

そのため金融関係者でも、米国債の存在を知らない人は少なくありません。

ある友人に米国債を紹介した際、「ぜひ保険を解約して米国債を買いたい」となったのですが、慌てて飛んできた保険の担当者にも同様の話をしました。すると激論の末、最終的には「米国債について知りませんでした。私も買います」と言っていただけました。

◆私と米国債との出合い

私が米国債について詳しい理由は、経歴を見ていただければお分かりいただけることと思います。

1989年に京都大学を卒業した私は、新卒でゴールドマン・サックス証券株式会社に入社しました。配属されたのは債券営業部です。それから退職するまでの16年間、マーケット部門に携わってきました。

キャリアの中心は国内外の金利を扱う債券です。長期の運用資金を扱う生命保険会社や損害保険会社を始め、中央・地方の銀行、公的金融機関等の機関投資家との間で、内外の国債、社債、債券関連商品全般の売買に従事していました。

そのときに、米国債の存在を知ることになり、実際に米国債の販売も行っていました。そのような経緯を経て、私は米国債のメリットや優位性を深く理解することができたのです。

米国債は知る人ぞ知る金融商品です。そのことは、後に説明する「誰がどのくらい米国債を保有しているのか」を知っていただければ、自ずと理解できるはずです。ぜひ、米国債ならではの魅力を知ってください。

◆金融関係者は絶対に読まないでください

ただし、この本を読んでも、金融関係者にとって良いことは何もありません。なぜなら、次の2つのタイプに読後感が集約されるからです。

タイプA：顧客に商品を販売するとき、自分の紹介する商品が本当の意味で顧客のためになっているのかどうか甚《はなは》だ疑問に感じていて、日々、良心の呵責《かしゃく》で胸を痛めながら営業している場合。

▼読後に、さらなる良心の呵責に苛《さいな》まれるだけ。

タイプＢ：良心の呵責をまったく感じることなく営業している場合。

▼読後に、営業活動を妨害された気がして、気分が悪くなるだけ。なかには「客に余計な知恵をつけやがって」と怒りだす人もいるかもしれません。

このことからも、本書がただ手数料を稼ぎたいだけの金融関係者にとって、何のお役にも立てないことは明白です（前出の保険営業マンのように、自分で買うなら話は別ですが……）。

この本は、真面目に仕事をしているけれど金融についての知識がないために、お金に対して不安を抱えている一般の方に向けて書かれています。

あくまでも、正しい方法で堅実に資産運用をしたい、と考えている人のためにあるとお考えください。

◆〝絶対に〟安全な投資とは？

また、本書は単純なお金儲けの指南書でもありません。

現状、書店にはさまざまな投資本が並んでいます。そのなかには「資産が○倍になる」「○

億円を稼ぐ」といった過激な内容のものも散見されます。

しかし、本書で紹介している米国債投資とそれらのものとは、性質を異にしていると言わざるを得ません。米国債投資は、そのようなギャンブルまがいの投資（投機）とは異なり、堅実な資産運用だからです。

とくに投資や金融の世界において、「絶対に」という言葉には注意が必要です。なぜなら、世の中に〝絶対はない〟ためです。

そのため、「絶対に儲かる」「絶対に増える」というキャッチコピーがついているものは、疑ってかかった方が得策と言えるでしょう。「絶対」がない以上、その裏には何らかのワナが隠されていると考えておくべきです。

しかし本書でご紹介する米国債投資を通じ、絶対はないこの世界で、最大の安心・安全・満足をみなさまにお届けしたいと思います。

どうぞ最後までお付き合いください。

２０１８年１月

株式会社ゴールドハーツ 代表　杉山暢達

証券会社がひた隠す
米国債投資法

◆

目次

第1章 儲け話は山ほどあるけどリスクも山盛り 17

第2章 なぜ日本人はタンス預金が好きなのか？ 55

第4章 ノーリスク、ストレスフリーの米国債の秘密　99

第1章

◆

儲け話は山ほどあるけど リスクも山盛り

「株価の上下は神のみぞ知る」が常識

◆株価はランダムにウォークする

株をはじめとする投資の経験がない人にとって、その世界は華々しく感じられるかもしれません。日々、巨額のマネーが飛び交い、何億円、何兆円ものお金が増えたり減ったりしている。それが投資の世界です。

投資の世界で活動している人たちのことを、いわゆる「投資家」や「プレイヤー」と呼びます。そのなかには、機関として投資をしている人もいれば、個人として投資をしている人も含まれます。

ただし、投資家というのは必ずしも、投資によって儲けているとは限りません。むしろ、勝っている部分だけがフォーカスされ、負けている部分は注目されていないとも言えそうです。

その証拠に、投資の世界では常識となっている理論に、「ランダムウォーク理論」というものがあります。ランダムウォーク理論とは、端的に言うと、株価の値動きを予測することは不可能である、ということです。

株価はランダムにウォークする。これを日本語で表現すると「酔歩」となります。つまり、酔っ払っている人の歩みのように、株価の上下も予測できないということが、金融の世界においては常識なのです。

私は22歳のときから金融の世界に携わっていますが、そのなかにおいて、常に高いパフォーマンスを維持できている人はごくわずかしかいないことを知っています。要するに、大抵の人はどこかで負けているということです。

たとえ博士号を取り、業界では権威と言われている人でも、長年にわたって好成績を上げ続けることはできません。なぜなら、相場が上がるか下がるかは、常に予測不可能であり続けるためです。

金融の世界で有名な本、『ウォール街のランダム・ウォーカー』の著者バートン・マルキール氏は、プロが運用するアクティブ・ファンドではなく、市場平均（日経平均やTOPIXなど）と連動するパッシブ・ファンドの購入が、最も効率的な運用方法であると主張しています。

このことは、ランダムウォーク理論を裏付けするものでもあります。どうやっても予想できないのだから、市場平均に任せた方が結果的に得をするということです。

事実、多くのパッシブ・ファンドでは、アクティブ・ファンドの運用実績を上回っているという結果が出ています。

結局のところ、残酷な事実ではありますが、株価が上がるか下がるかは神のみぞ知るというのが真理なのです。

ノーベル賞受賞者がファンドをやったら

◆破綻したロングターム・キャピタル・マネジメント

かつて、二人のノーベル賞受賞者が運用チームに参加しているファンドがありました。米国のコネチカット州に本部を置いていたヘッジファンド、「ロングターム・キャピタル・マネジメント（Long-Term Capital Management：ＬＴＣＭ）」です。

ＬＴＣＭはその豪華なメンバーと実績から、世界各国のマネーを集めることに成功しました。証券会社、銀行、機関投資家、富裕層などから集めたお金は、10億ドルを超えるものでした。それだけの信用を得ていたことになります。

ＬＴＣＭは、運用当初、世界最先端の金融工学を駆使して大きな成果を挙げました。

しかし、設立から5年後に悲劇が訪れます。１９９７年に発生したアジア通貨危機、そしてそのあおりを受けて１９９８年に発生したロシア財政危機によって、状況は大きく変わりました。その際の運用成績の不振により、投資家たちは資金を引き上げてしまったのです。

その結果、ＬＴＣＭは、２０００年に清算されることになったのです。損失の合計額は、なんと46億ドルに上ったと言われています。

ＬＴＣＭの事例は、私たちに大切なことを教えてくれています。それは、「絶対に儲かる手法というものは存在しない」ということ。それこそまさに、投資においてもっとも大切なことと言えるでしょう。

このことをしっかりと理解しておかないと、いつまで経っても儲け話から逃れることはできません。正しい判断ができないということは、騙されてしまったり、不用意に損をしてしまったりする可能性が高いということです。

それでも投資をしたいという方は、ぜひ、投資に絶対はないということを認識し、ＬＴＣＭの事例を忘れないようにしてください。

運用のプロたちは本当に勝ち続けているのか？

◆花形ヘッジファンドの実態

世界の投資家や金融機関関係者は、日々、市場を予測する精度を高める努力をしています。そのおかげで、富裕層はよりリスクを軽減しつつ、資産運用を実現できているのも事実です。

しかし、予測はあくまでも予測です。予測が「予定」になることも、リスクがゼロになることもありません。投資の世界において、１００％予測できるものはないというのが、全世界共通の定説なのです。

そのような認識を持っていないと、資産運用はうまくいきません。「もしかしたら、絶対に勝てる投資があるのではないか？」と考えることは、「もしかしたら、未来を予言できるようになるのではないか」と考えることと同義です。

「未来のことは分からないけど、市場がどうなるかは分かる」

このような発言をする人がいたら、まずは「怪しい」と考えるべきです。そうした甘い言葉に誘惑されないように注意してください。

「学者がそう言っていた」「著名人が宣伝していた」。それらはイメージ戦略でしかありません。市場の予測とは何の関係もありません。まずは冷静になることです。

相場は予測できない。それは、誰もが未来を予測できないのと同様です。そのことを、どうか忘れないようにしてください。予測はあくまでも予測です。外れる可能性、つまり「リスク」というものが常に含まれていると考えるようにしましょう。


ヘッジファンドのなかには、「年率15％の利益を上げている」などと喧伝《けんでん》しているところもあります。

確かに、そのようないわゆる「花形ファンド」が存在しているのは事実です。実績についても本当なのでしょう。ただ、その実績を継続させた期間についてはどうでしょうか。

私たちが運用しなければならないお金は、いずれも短期的なものではありません。特に老後の不安を解消するために資産運用するのなら、少なくとも定年まではお金を増やしてもらわなければ困ります。

もし今30歳の人が、定年までお金を増やしてもらいたいとなると、実に30年も運用しなければなりません。果たして、それだけの期間、好成績をおさめられるファンドは存在しているのでしょうか。

私がかつて見てきた優秀な人々も、相当な数字を上げながら、一方では何度も何度も不安な朝を迎えていました。なぜなら、いつ予測できない事態が起こるか分からないためです。

きっと、花形ファンドも同じ思いを抱えていることでしょう。そしていつかは、ノーベル賞受賞者が運用チームに参加していたLTCMのように、大きな損失を出して破綻する危機につながる可能性があるのです。

◆短期ではなく長期で考えてみること

不測の事態を正確に予測することができないのに、なぜ長期間にわたって投資を成功させることができるのでしょうか。「それでも勝つことはある」とお考えの方は、あくまでもその時点だけということを忘れてはなりません。

一時的な利益を上げることを目指す「投機」をしたいのであれば、それもいいでしょう。そこにギャンブル的な要素が含まれていることを理解したうえであれば、無理に止めることはしません。

しかし、大切なお金を減らすことなく「運用」したいのであれば、株で大儲けした話や、誰でも簡単にお金を増やせるという、おいしい話を真に受けてはいけません。お金を失ってしまってからでは遅いのです。

一時的な大儲けや、短期間での高い運用益は、残念ながら〝たまたま〟です。どんなに研究しても、〝たまたま〟が〝絶対〟になることはありません。また、株で儲けた話をする人は、決して負けたときの話はしないのです。

株でもFXでも、永遠に勝ち続けられる人はいません。たとえ運用のプロであっても、花形ヘッジファンドでも、未来を予測できない以上、いつかは負けるときがきます。それが投資というものの実態です。

儲け話は「勝っても地獄、負けても地獄」そのワケとは？

◆人間の心理を超えることは不可能

多くの人は、私の経歴を知ると、「ゴールドマン・サックスにいたのだから、よっぽど運用が上手なんでしょうね」と言います。その言葉の裏には、「運用のプロであれば絶対に負けないのだろう」という思いが隠されているのでしょう。

しかし、そのような人に対して、私がいつも申し上げているのは次のような言葉です。

「私が自信を持って人に勧められる金融商品は、残念ながら『債券』だけです」

過去、私も株や投資信託に手を出したことがありました。また、為替で短期的な利益を上げたいと考えていた時期もあります。

その結果はどうだったのか。実は、9割がた損をしています。

では、なぜ運用のプロでも負けてしまうのでしょうか。ひとつはすでに述べているように、市場の将来を100%見通すことはできないため。そしてもうひとつの理由は、売り買いに感情が入り込むためです。

感情とは心理と言い換えてもいいでしょう。つまり、保有している株価が上がり続けていると「もっと上がるかもしれない」と思って買い増ししてしまい、下がり続けると「また上がることがあるかもしれない」と思って耐えてしまう。そのくり返しです。

人間である以上、心理を超越することはできません。まったく感情をなくして生きていくことは不可能です。投資の世界に限定したとしても、不測の事態が生じたとき、いつまでも冷静でいることは不可能でしょう。

そのため、最終的には負けてしまうのです。

◆積極的な投資を勧める金融機関の思惑

「そうは言っても、証券会社は儲けているじゃないか」。このように考える人がいるかもしれません。たしかに、証券会社は〝証券によって〟儲けています。

ただし、誤解してはいけません。証券によって儲けているとは言っても、利益のすべてを運用によって叩き出しているわけではありません。実際には、証券を顧客に販売した際に得られる「手数料」によって儲けているのです。

金融機関が積極的な投資を勧める理由もそこにあります。つまり、顧客に投資を行ってもらうことによって、より多くの手数料を得るために金融機関は投資を勧めています。それが、証券会社を始めとする金融機関の儲けのカラクリです。

よく考えてみてください。金融機関の窓口で勧められている商品を、その担当者は自分で保有しているでしょうか。そして、それによって利益を上げているのでしょうか。甚だ疑問です。

そうではなく、金融機関は販売手数料によって利益を上げていると考えた方が、よっぽど理解しやすいことでしょう。そして、それが金融業の実態なのです。

だからこそ金融機関では、手数料が大きく、繰り返して売り買いを行う商品を勧められるはずです。債券のように、わずかな手数料で長期間保有されてしまうものは、勧めるはずもありません。

金融機関の担当者が勧める商品は、「勝っても地獄、負けても地獄」なのです。

古今東西いつの時代もはびこる儲け話

◆「空売り」とはつまりギャンブルである

リーマン・ショックを代表とする「サブプライム住宅ローン危機」の舞台裏を描いた書籍、『世紀の空売り―世界経済の破綻に賭けた男たち（著：マイケル・ルイス）』。この作品は、ブラッド・ピットらが出演する『マネー・ショート 華麗なる大逆転』として映画化もされています。

本作で記されているのは、２００８年9月15日に発生したリーマン・ショックの背景において、倫理観に苛まれながらも儲けていた人たちの物語です。そのポイントは「空売り」にありました。

そもそも空売りとは、投資対象である現物（たとえば株）を所有することなく、売る（ショート）契約を結ぶ行為のことです。そうすることで、投資対象の価格が下がったとき、買い戻して利益を得ることができます。

詳しい説明は専門的になるので割愛しますが、リーマン・ショック時においては、サブプライムローン関連の証券が軒並み下落し、その証券を保有していた金融機関が巨額の損失を被ることになりました。その際、一部の空売りをしていた投資家だけが、得をすることになったのです。

しかし、本作のような空売りがいつも成功するとは限りません。なぜなら、すでに述べてきたとおり、相場が上がるか下がるかは常に予測不可能だからです。

それなのに、空売りをして儲けようとしている人がいるのも事実ではありますが、あくまでもギャンブルと同じ性質があるということは、理解しておかなければなりません。少なくとも、空売りによって資産を失った人の事例は枚挙《まいきょ》にいとまがありません。

◆レバレッジの正体とは？

投資の世界において、空売りと同様に危険なものとして「レバレッジ」があります。株だけでなく、ＦＸや不動産投資においてもこのレバレッジという言葉はよく使われています。

では、レバレッジとは具体的にどのようなものなのでしょうか。

言葉の定義としては、「他人の資本を活用して、自己資本に対する利益を高めること」となります。いわゆる「てこ」の原理を利用して、自己資本だけでは実現できないような利益を、他人資本によって実現するということです。

たとえばＦＸなどの取引においては、実際に保有している資金の何倍もの金額で取引することが可能です。その結果、レバレッジをかけることによって、より大きな利益を出すことが可能となるのです。

しかし、より大きな金額で取引できるということは、損失が発生した場合の金額も大きくなるということです。つまり、勝ちが大きければ負けも大きくなる可能性があることになります。

大きなレバレッジをかけられる投資の代表に「不動産投資」がありますが、それなどはまさにいい例と言えるでしょう。具体的にどうやって不動産投資を行うのでしょうか。高額な不動産など、現金で買える人はほとんどいません。

そこで、銀行からお金を借りて（借金にて）投資することになります。要するに、それがレバレッジをかけるということなのです。

◆ギャンブルに貴重なお金を投資できるか

ただ、考えてもみてください。いくらチャンスが広がるからと言って、貴重なお金をギャンブル的な要素が高いものに投資していいのでしょうか。それが、一生懸命働いて、コツコツ貯めたお金であればなおさらです。

勝った話にばかり踊らされて、負けたときのことを考えない。人間、どうしても良い方ばかりに目がいってしまうものです。そして、投資を促す側の人々は、負けたときのことを積極的に教えてはくれません。

「悪銭《あくせん》身につかず」という言葉があります。とくにギャンブルなどで勝ったお金というのは、まともなことに使えないものです。なぜなら、苦労して得たものではないためです。苦労して得ていないからこそ、適当に使ってしまう。

本来であれば、資産運用とは、そのようなものであってはいけないと思います。勝つか負けるかという勝負に興奮したい人は、ギャンブルをすればいいのです。そうでない普通の人は、適切な方法で堅実に運用するのが吉でしょう。

しかし、そのための方法は向こうからやってくるとは限りません。一見、堅実な方法を提示されているかのように見えても、金融の知識がないために、間違ったものに手を出してしまう人がどれだけ多いことか。

自分がしたいのはギャンブルなのか、それとも資産運用なのか。その点をきちんと考えておかなければなりません。

なぜ日本人は金融リテラシーが低いのか？

◆優秀な人ほど精神的に追い込まれていく世界

金融関係者のなかには、短期的に大きな成果を挙げる人も少なくありません。上がるのか下がるのか分からない状況において、針の隙間を通すほどの神業をやってのける人も確かにいました。

しかし、なかには精神的に追い込まれ、病気になったり退職を余儀なくされる人もいます。どれだけ頭脳が優秀でも、ハートが強くても、紙一重の勝ちを積み重ねていく重圧に耐え続けることはできないのです。

一部の優秀な人でもそうなのですから、一般の人が勝ち続けることは、ほぼ不可能と言っていいかと思います。とくに、本業をもちながら投資をするというのは、プロのカーレースに自家用車で出場するようなものです。早々にリタイアすることになるでしょう。

特に日本人は、基礎教育のなかにおいて、金融の知識を身につけられないまま成長している人が大半です。海外のように、学校教育のカリキュラムに金融が含まれていないので、大人になってから一から学ぶ必要があります。

そのような事情を考慮すると、なおさら投資を行うことのハードルの高さをご理解いただけるでしょう。わずか数％の利益を上げるだけでも、決して簡単なことではないのです。

◆ほとんどの日本人は金融の教育を受けてこない

大学で金融関連の授業を受けた人ならいざしらず、日本人の多くは、金融に関する勉強をしないまま成人します。そのため、資産運用をしなければと考えたとき、あらためて勉強する必要に迫られます。

そのような状況で、まともな判断ができないのは無理もありません。金融機関が勧めてくる商品に対し、何の疑いも持たずに購入判断をしてしまうのは、あながちその人個人の責任だけではないとも言えるでしょう。

加えて日本人は、お金の話を嫌います。公の場でお金の話をしようとすると、極端に不快感を示す人も少なくありません。それだけ私たちは、お金の教育から遠いところにいるということを認識する必要があります。

一方、海外であれば、基礎教育として金融について学んでいます。そうなると、スタートの段階から差が出るのは当然です。各家庭においても、どうやって自分の資産を運用すればいいのかが自然に話されているのです。

私たちが認識しなければならないのは、そもそも金融リテラシーが乏《とぼ》しいという現状です。それにも関わらず、何も勉強せずに株や投信に手を出すということの危険性を、ぜひ知ってください。

学業に励み、真面目に仕事をしてきた人が、投資によって資産を失ってしまう理由はここにあります。

◆過去の栄光を引きずり続ける人々

また、時代が急激に変わっているということも考えなければなりません。

例えば昔であれば、「財形貯蓄」がきちんと機能していました。財形貯蓄とは、勤労者と金融機関の間で締結した契約に基づき、事業主からの給与支給時に控除（天引き）される貯蓄のことです。

この財形貯蓄は、「終身雇用」「年功序列」があたり前の時代においては、資産運用の方法としても優れていました。しかし大企業の倒産や転職が一般的となった昨今では、かつてのような輝きはありません。

加えて、金利も大きく低下しています。その点、定期預金も同様と言えるでしょう。かつてのように5～8％ほどの金利がついていたそれらの運用も、現在ではゼロがいくつも並んでいます。

さらに日本では、2016年2月より「マイナス金利政策」が導入され、国内のメガバンクでは預金金利を0・00％に設定する銀行まで登場しました（2017年2月時点。三菱東京UFJ銀行、みずほ銀行など）。

この先、日本の状況を鑑《かんが》みると、銀行の預金金利が上がるとは考えにくいのが実情です。いつまでも過去の方法にすがっているわけにはいかないのです。

しかし、だからといって、不用意に株や投信に手を出してはいけません。また、タンス預金のまま置いておいてもリスクがあります（詳しくは後述します）。その結果、多くの日本人が、資産運用に悩んでいる現状があります。

年金とインフレーション・デフレーション

◆まずインフレとデフレを理解する

投資や資産運用に関わらず、将来のお金について考える際には、「インフレーション（インフレ）」と「デフレーション（デフレ）」について理解しておく必要があります。ここで簡単におさらいしておきましょう。

そもそもインフレとは、モノやサービスの価格（物価）が持続的に上昇することを言います。物価が上がるということは、お金の価値が下がっているのと同義です。

一方、デフレとはインフレとは反対の状況を意味します。つまり、モノやサービスの価格（物価）が持続的に下落している状態のことです。お金の価値が上がっているとも言い換えることができます。

このインフレ・デフレを理解していなければ、貯蓄というものの正しい判断もできません。むしろインフレ・デフレについてきちんと理解していれば、タンス預金がなぜ良いのか悪いのかということも理解できるはずです。

とくに現在は、アベノミクスと呼ばれる経済政策によって、インフレが進められています。安倍政権の下で日銀が目標にしているインフレ率は2％。これから先、物価が上昇していく可能性は大きいと考えられるでしょう。

では、なぜインフレに向かうとタンス預金が良くないのでしょうか。

◆大事なのはリスクを減らすこと

社会がインフレに向かうと、物価が持続的に上昇します。たとえば、今日1本100円で売っていた大根が、インフレによって110円、120円と上がっていくことになります。

10円や20円ではあまり差は感じられないかもしれませんが、これが２００円、３００円になったらどうでしょうか。明らかに、家計に大きな影響を与えることになるでしょう。このことはつまり、それだけ現金の価値が下がっていることを意味しています。

もし、すべての財産をタンス預金していたら、お金の価値が減り続ける状況において、まったく対策を取っていないことになります。現金の価値が減り続けているのに、そのような状況を放置してしまっているのです。

しかし一方で、現金だけでなく、他の金融商品等で保有していたらどうでしょうか。物価の上昇によって、その商品の価値が増加する可能性があります。現金の価値の目減り分を補ってくれる格好です。

これから先、デフレに向かうことが確実なのであれば、タンス預金のままでもいいかもしれません。しかし、世の中は明らかにインフレに向かおうとしています。

たとえそうならなかったとしても、リスク分散という観点から、タンス預金のみというのは考えものです。

◆拡大する年金不安にどう対処するか

また、老後の資金を年金のみに頼ろうと考えるのも同じです。インフレ時において、年金だけに頼るのは危険です。

物価が上昇していくにつれて、同じ年金支給額であっても、その価値は目減りしていくことになります。タンス預金の論理と同様です。しかも年金の支給額は、今後、下がることが予想されます。

そうなると、いずれにしても何らかの資産運用をしなければ、老後の安心を獲得することはできません。しかし、株や投信というのは、手数料の高さや見通しの不透明さによって、あまりお勧めできないことはすでに述べたとおりです。

近年では、「人生100年時代」とも言われています。ロンドン・ビジネススクール教授のリンダ・グラットン氏が書いた書籍『LIFE SHIFT（ライフ・シフト）――100年時代の人生戦略』はベストセラーにもなりました。

『LIFE SHIFT』で書かれているのは、人生100年時代にどう生きていくべきかということですが、もはやタンス預金や年金だけに頼る時代は終わりました。国としても、「人生100年時代構想会議」を設置するなど、対策が検討されています。

インフレとデフレの仕組みを踏まえたうえで、これから先の未来に対し、どのように対処していくのか。それは、個々人の対応にかかっています。堅実な資産運用もまた、欠かせないものとなるはずです。

かつて日本円は360円だった。為替とは「変動するもの」

◆為替とは何か？

日本だけでなく世界のマネーに着目してみると、「為替（外国為替）」についても考えておく必要があります。ただ、為替とは何かと言われても、すぐにイメージできる人は少ないのではないでしょうか。

為替とは、外国為替市場において取引される、通貨の交換比率「為替レート（外国為替相場）」のことです。ニュースなどで「1ドル120円25銭」などと表現されているのを聞いたことがある人も多いことでしょう。

この為替は、日々、変わります。なぜ変わるのでしょうか。それは、通貨の需要量と供給量が変動するためです。円が欲しいという人が増えれば「円高（ドル安）」になりますし、円よりもドルが欲しいという人が増えれば、「ドル高（円安）」になります。

さらに詳しく言うと、為替レートに影響するものとして「貿易収支」「経済指標」「金利」などがありますが、ここでは触れないことにします。大切なのは、為替が変動するという事実そのものです。

為替が変動することによって、外国通貨を保有している人の資産状況も変わります。つまり、為替について理解していないと、外国通貨を保有するのは危険ということです。もっとも、為替は変動するということさえ理解しておけば、イメージはつきやすいはずです。

◆今後の日本円の見通しは？

もちろん、日本円の今後の見通しを言い当てるのは、容易なことではありません。日々、為替の取引を行っているディーラーであったとしても、言い当てられる人は少ないかと思います。

為替相場というのは、それだけ、さまざまな要因が絡み合って決まっています。株式相場や市場同様、完璧に予想することはできません。大切なのは、どれくらい上がり、どれくらい下がるのかについて、目星をつけておくことです。

例えば、日本の国力が低下していくことを踏まえて、将来的には1ドル150円ぐらいにはなるかなと予想しておく。あるいは、何らかの事象が発生して日本円が買われ、最大で80円ぐらいまでになるかもと予想しておくのです。

そうすると、取るべき施策も見えてきます。端的に言えば、日本円だけで保有するのではなく、外国通貨も含めて資産形成しておいた方が良いということになるはずです。

日本円の価値が下がれば（円安・ドル高になれば）、ドルで保有しておいた方が得をします。一方で、日本円の価値が上がれば（円高・ドル安になれば）、円で保有しておいた方が得をします。

いずれにしても、どちらかに偏った投資というのは、リスク分散という観点からお勧めできません。

◆為替だけの運用は危険

そして、為替だけで資産運用をするのも危険です。ＦＸはまさに、為替の変動によって利益を上げる手法ではありますが、その実態は、上がるか下がるかにかけるギャンブルとそう大きくは変わりません。

為替だけで資産運用するというのはつまり、ＦＸで稼ごうとするのと同義です。「大きく勝った」「ＦＸで稼いだ」という話を耳にしたことがある方もいるかもしれませんが、それはあくまでも一部だけでしょう。大半は負けているものです。

プロの為替ディーラーであっても、生き残っていける人は全体の１割にも満たないのではないでしょうか。そんな彼らも、永遠に勝ち続けられるわけではありません。相場が予想できない以上、いずれは負けることになるでしょう。

少なくとも、一般の人が片手間で為替取引に手を出すのは危険です。為替についての理解が必要なのは、あくまでも資産運用という観点から、バランス良く資産を配分するためだと考えておいてください。

ＦＸの世界は、１日単位で「勝った・負けた」と一喜一憂する世界です。本業を頑張っている人が容易に参入できるものではありません。むしろ、本業に支障をきたす可能性もあるでしょう。

本業に影響を及ぼさない範囲で資産運用をすること。それが理想であることは、間違いありません。

日本が「AAA」から「A」に格下げされたことの意味

◆日本への評価

マーケットに大きな影響を及ぼす指標として「格付け」があります。格付けとは、いわゆる「投資対象への評価」と考えていいでしょう。ムーディーズやスタンダード・アンド・プアーズ（S&P）、フィッチ・レーティング（フィッチ）など、世界にはさまざまな格付け機関が存在しています。

この格付けは、国ごとにも行われています。たとえばドイツ、オランダ、スイスなどは、ムーディーズ、S&P、フィッチそれぞれで最高ランクのAAAをつけています。米国も上位につけており、ほぼAAAに近い格付けとなっています。

では、日本の格付けはどうでしょうか。次の通りです（2017年12月現在）。

ムーディーズ：　　　　　　　　　　　　　　A1
スタンダード・アンド・プアーズ（S&P）：A＋
フィッチ・レーティング（フィッチ）：　　A

このように、最高ランクのAAAから大きく下回る評価となっています。かつては日本もAAAであったのですが、徐々に評価が下がってしまいました。2017年11月の段階では、全体の24位。なんと、韓国や中国よりも順位が低くなっているのです。

その背景にあるのは、国の借金です。その額は2017年9月の段階で1080兆円。実に、国民一人あたり852万円の計算になります。日本人の平均年収が約420万円ですから、およそその2倍。これが日本の実態なのです。

円安へのカウントダウンが始まった

◆国力が低下すれば円安に向かう

日本の国力が低下していることを考えれば、円安に向かうというのは自然な発想と言えそうです。なぜなら、国力と経済力は密接に関係しているからです。安倍政権が経済政策に集中しているのも、そこに理由があります。

日本に多額の借金があることを理解し、さらには政治がその借金返済を主導できていないとなれば、日本の評価が下がるのも当然です。しかも今後、事態が急速に好転することは考えにくいのが実情です。

もちろん、そう簡単に日本が破綻することはありません。ただし少なくとも「円よりもドルを持っておこう」と考える投資家が増えるのも無理はありません。格付け及び今後の状況を鑑みても、米国の方が安全だと考えるのは必然でしょう。

さらに日本は今後、世界でも類を見ない超高齢社会へと突入していきます。加えて、少子化も進んでいます。少子高齢化によってもたらされるのは、残念ながら国力の低下という事実なのです。

このように、国力を低下させる要因が複数ある日本において、その通貨である円も下がる、つまり、中長期的には円安に向かう可能性が十分にあるのです。

そのときに、私たちはどうやって資産を守ればいいのでしょうか。

◆国の借金は誰が支払うのか？

たとえ日本の国力、とくに財政力が低下しても、借金は残ります。１０００兆円レベルの借金を支払わなければならないのは、現役世代はもちろん、次世代の若手たちとなります。

ただし、どんなに頑張っても少子高齢化の流れを変えることはできないでしょう。むしろ、海外の人材を積極的に受け入れる方が、よほど現実的な対策とすら考えられます。

そのような状況において、日本円に対する評価はどうなるでしょうか。やはり、円安に向かうと考えた方が自然です。たとえ円高に向かったとしても、それほど顕著な数字にはならないと予想されます。

未来の市場を完璧に予測することはできませんが、確実に訪れるであろう変化についてはある程度まで分かります。

たとえば、２０２４年には団塊世代がすべて75歳になります。その結果、社会保障費が大きくふくらむことになるでしょう。

また、２０４０年には団塊ジュニア世代がすべて65歳以上となります。企業では大量退職によって後継者不足が深刻になるかもしれません。社会保障制度の破綻も懸念されます。

そしてさらに、２０５３年には日本の総人口が1億人を割るという推計もされています。これから先、残念なことではありますが、日本の不安材料ばかりがクローズアップされていくことが予想されているのです。

◆日本円だけを保有する時代は終わった

これからの日本を考えたとき、為替のところでも述べましたが、資産を日本円だけで保有するのは危険です。日本の未来を見据えれば、国力の低下は避けられません。国力が低下すれば円の評価も下がります。

もちろん、技術やテクノロジーの進化によって、状況が変わることもあるでしょう。もしかしたら、少子高齢化というマイナス要因を好転させる施策が生み出されるかもしれません。ただ、いずれにしても、抜本的な解決には時間がかかります。

未来はどうなるか分かりません。しかし、予想できる部分もあります。その予想できる部分を考慮して、資産形成について考えてみることが大切です。要するに、日本円と外国通貨とのバランスを意識すればいいのです。

これからも日本で暮らしていく人にとって、自国通貨は大切です。すべての資産を外国通貨で保有するというのは現実的ではありませんし、リスク分散の観点からもお勧めできません。

大事なのは、インフレになっても、デフレになっても、円安になっても、円高になっても、対応できる体制を整えておくことです。ぜひ、「生活防衛」という観点から、外国通貨の保有について考えてみてください。

第2章

なぜ日本人はタンス預金が好きなのか？

これほど「元本」にこだわるのは、日本人だけ

◆元本にこだわる日本人の国民性

もともと、幼いときから金融に関する教育を受けていない日本人は、「元本」を失うことに大きな抵抗を感じているように思います。

本来、金融に関する知識がある人であれば、投資をする際のリスクについて考え、そのうえで利回りを基に判断するはずです。しかし多くの日本人は、リスクや利回りといった発想に乏しく、元本を失うことが看過《かんか》できません。

日本人の多くが相当額のタンス預金を保有しているというのも、そこに理由があります。「なぜリスクを取るべきなのか」「なぜ投資が必要なのか」が理解できなければ、自分のお金を失う可能性を許容できないのも無理はありません。

お金を減らしたくないからこそ、投資には消極的になってしまう。そして、元本さえ守ればいいという発想になり、自宅に置いておこうとなるのです。

かつてはそれでも良かったのですが、これから先、自らの資産は自らが運用しなければなりません。金融機関の言いなりになっていてもいけませんし、現金のまま保有しておくだけでも不十分でしょう。

国民性と言ってしまえばそれまでですが、その国民性がもとで、将来に不安を抱えたまま生活しなければならないのは酷《こく》というものです。

元本を失うことに対してストレスを感じやすいと認識したうえで、正しく対処することが肝要です。

◆家計のやりくりに方針がない

また、各家庭において家計のやりくりに方針がないことも問題です。一定の方針を決めていないからこそ、資産をどう運用していくかが分からず、いたずらに預金してしまうケースが多いのではないでしょうか。

そのような場合、多少のリスクがあることを加味したうえで、5～8％ほどの利回りを実現しようとすると「本当にリスクを取る必要があるのだろうか？」と考えてしまうことになります。元本にこだわるのであれば、「そんな必要はないよね」となるわけです。

ただ、これからの社会においては、多少のリスクも考慮しつつ、自分のお金は自分で運用していかなければなりません。日本の将来を考えるにつけ、銀行にお金を預けたり、タンス預金をしたりしているのは危険です。

本来であれば、家族みんなで金融リテラシーを高める努力をするのがベストでしょう。最も、忙しい現代人にとって、その時間を捻出することは難しいかもしれません。そうであるならば、別の方策を考えなければなりません。

少なくとも、まずは「お金を寝かしたままではいけない」と認識することです。そのうえで、「そうは言っても株や投資信託は相場の不透明性や手数料の問題で注意が必要」ということも頭に入れておく必要があります。

証券会社を始めとする金融機関のビジネスモデルを知っていれば、安易に勧められた商品を購入するということもなくなります。

自分の頭で考え、自分の頭で判断できるようになれば、将来不安を自らなくすことができるようになります。

◆お金の話をすることもできない

幼い頃から、お金の話をすることは厳禁だと教えられてきた人も多いことでしょう。日本人の〝お金嫌い〟は江戸時代から始まっていたのではないでしょうか。それだけ長い間、私たちはお金の話を公の場でしない慣習があったのです。

まっとうに仕事をして、まっとうに家庭をつくり、まっとうに生きる。そうすれば、お金の心配などする必要はない。余計にお金を求める人は卑しい人だ。そのように両親から教えられてきた人は、自ずとお金に対して知識が乏しくなります。

そして今、時代が変わっているのにも関わらず、同じような考え方をしている人が多いのも実情です。その結果、お金に対する漠然とした将来不安を抱えてしまっています。元本にこだわり、リスクを取ることもできません。

しかし、裏を返せば、お金に対する強い執着があると言えるかもしれません。正しい資産運用ができないからこそ、目の前の稼いだお金を必死に守ろうとしてしまうのです。それでは、いつまで経っても状況が変わりません。

残念ながら、資産運用をせずに豊かな生活ができた世代のアドバイスは、ことお金に関して言えば、私たちにとって役に立つものではないでしょう。時代が変わり、私たちは自らのお金を自らで管理しなければならなくなりました。

農耕民族型の日本人という特性はありつつも、発想を変えて、お金と上手に付き合っていくべきなのがこれからの社会です。過去と決別し、いたずらに元本にこだわるのではなく、安全で堅実な資産運用を実現すること。

お金の問題は経済の問題です。誰もが直面する、どの家庭にも必要なことなのです。まずは、お金に対する罪悪感をなくしましょう。

そしてお金について、きちんと学ぶことが大切です。

複数の銀行に預けても、「日本円」ではリスク分散にならない

◆資産運用のキモは「リスク分散」

海外の人からしてみれば、日本人が投資に対してあまりに消極的なことについて、不思議に感じているものです。彼らにとってみれば、自分のお金は自分で運用するのが自然なことだからです。

日々の仕事はとても真面目に行う。残業や職場の付き合いなども平気でこなし、会社のために尽くす。それなのに、自分のお金に無頓着というのは、確かにおかしなことかもしれません。

私たちは、会社のために仕事をしているのではなく、自分や家族のために仕事をしているはずです。その仕事で得たお金に気を使わず、おざなりにしてしまうというのは、考えものと言えるでしょう。

もちろん、謙虚なのは素晴らしいことです。必要以上にお金を追い求めない慎ましさも日本人の美徳だと思います。ただ、だからと言って、お金の勉強をまったくしなくていいわけではありません。

少なくともこれからは、稼いだお金をどのように「リスク分散」していくのかを、個々人が考えなければなりません。お金をそのままにしておくというのは、将来のリスクに対して何ら対策を取らないのと同じです。

ただ、リスク分散とは言っても、銀行が倒産したときに備えて、複数の銀行にお金を預けるということではありません。それはいわゆる「ペイオフ」の対策としてしか効果を発揮しないのです。

ペイオフとは、破綻した金融機関に代わり、「預金保険機構」が預金者に預金を一定額までは払い戻す制度のことです。預金者ひとりにつき、１０００万円までの元本と利息は保証するとされています。

本当に必要なのはそのような対策ではなく、外国通貨で保有したり、現金以外の方法で資産を保有したりするなどについて検討することなのです。

◆日本円だけではリスクがある

もしこれから先の日本経済が、確実にデフレに向かうと分かっているのであれば、すべてのお金を日本円で持っておくのもいいかもしれません。デフレになれば、物の値段が下がり、日本円の価値が上がると考えられるためです。

しかし、日本経済がデフレに向かうかどうかは、誰にも分かりません。むしろ、現在のアベノミクスという政策、そしてタッグを組む日本銀行の動向を考えても、インフレに向かうであろうと思うのが自然なことではないでしょうか。

日本の経済動向、そして為替リスクに対応するには、自国通貨だけを保有しておくのは危険です。いくら1億円あっても、またその現金をペイオフ対策として多数の銀行に預けていたとしても、インフレや円安によって価値が下がることは避けられないのです。

したがって外国の通貨を保有したり、あるいは現金以外の資産を保有したりすることを検討するべきです。たとえこれから先、世界的に円安へと向かったとしても、例えば米ドルに資産を分散していれば資産の防衛度は上がります。

もしくは、現金以外の資産を持っていればどうでしょうか。インフレによって現金の価値が下がったとしても、きちんとリスク分散できていることになります。それこそまさに、リスク分散の本来的な意義と言えるでしょう。

老後について、「年金と預貯金で暮らしていけるから大丈夫」と考えている人は、その現金主義を改める必要があります。もしかしたら、1本100円だった大根が、20年後には1本200円になっているかもしれません。

たとえそうならなかったとしても、世界的な日本円の評価が下がり、海外旅行や海外製品の購入により多くのお金が必要となる可能性もあるのです。

あくまでも資産を守るという意味からも、リスク分散を検討しておきましょう。

◆円とドルでバランスを取る

海外通貨を保有するとは言っても、どこの国の通貨を保有するかということに関しては、適当に選ぶべきではありません。通貨の価値を決めるのは、その国に対する周囲からの信用であり、信用に乏しい国にはそれなりの理由があります。

例えば、政情が不安定な国の通貨を持つということは、それだけ通貨の価値も不安定であると認識した方がいいでしょう。あるいは、発展途上国の通貨についても、通貨価値という観点からは安定性に欠いていると考えられます。

安定性に欠いているとはつまり、リスクを許容しなければならないということです。ファイナンスの発想においては、不安定なほどリスクがあると考えます。特に投資がこれからという方は、安定性のある通貨を選ぶようにしてください。

また、取引のしやすさも重要です。いくら安定的な通貨であっても、日本からの取引がしづらいのであれば避けた方が無難でしょう。いざというとき、すぐに日本円にできないというのでは困ります。

そうなると、選ぶべき通貨は限られてきます。むしろ、日本国との関係性から考えても、「米ドル」以外はなかなか候補に挙がらないのが実情です。

円とドルで資産のバランスを整えるのが、最も堅実な選択肢となるでしょう。

「投資信託」は運良く儲かっても手数料負け

◆投資信託をお勧めできない理由

「株がダメでも、『投資信託』なら保有してもいいのではないか」。そのように考えている人もいるかもしれません。しかし多くの投資信託は、株よりもお勧めできない商品であると言わざるを得ません。

そもそも投資信託とは、株や債券をひとまとめにパッケージングした金融商品のことです。投資信託という形でまとめることによって、投資家は自ら投資先（株や債券などの個別銘柄）を選ぶことなく資産運用ができることになります。

では、なぜ投資信託はお勧めできないのでしょうか。その第一の理由は、高すぎる「手数料」にあります。

証券会社から投資信託を購入する際には、おおむね3％前後の販売手数料が取られます。それに加えて、信託報酬という名目でも、毎年1％を超える手数料が取られてしまうのです。

その結果、かなり優秀な運用利回りが得られなければ、顧客は儲からない仕組みになっているのが実状です。

実は、証券会社に入社した若手営業マンが、最初に売らされるのがこの投資信託です。手数料が高額なため、証券会社にとってのいい稼ぎ頭となっているわけです。説明されても、顧客側は「なんだか良さそう」としか分からない。だから売りやすい商品なのです。

もちろん、手数料や維持費については、契約を結ぶ際の書類（「目論見書」など）に詳しく記載されています。しかし、小さな文字で書かれているため、多くの人は気にしていません。気にしないからただ取られ続けることになります。

少なくとも、従来の投資信託で資産が形成できるのは、かなり運が良くなければ難しいというのが実態です。

「運が良くなければ儲からない。中途半端に儲かっても手数料でやられてしまう」。それが、投資信託の正体なのです。

もっとも、なかには優良な投資信託もあるにはあります。ただ、それを見抜くことは難しく、もともとごく限られた数しかないというのが実情です。

◆ついに金融庁が動き出した

2018年1月。すでに何度か話に出ている「つみたてNISA」がスタートしました。つみたてNISAとは、積立投資に特化した少額投資非課税制度のことです。その詳しい内容は第4章で説明するとして、ここでは、つみたてNISAが誕生した背景について見ていくことにしましょう。

2017年3月に、金融庁の有識者会議でまとめられたある報告書が発表されました。題して『「長期・積立・分散投資に資する投資信託に関するワーキング・グループ」報告書』となっています。タイトルにあるように、その内容は投資信託に関するものでした。

具体的な内容としては、日本の投資信託がいかに販売側の論理で提供されてきたかという論調となっています。つまり、顧客視点で商品開発がなされていないことを指摘し、それが日本人の投資意欲を阻害する要因になっていると指摘しているのです。

そこで、つみたてNISAという新しい取り組みをスタートすることにより、健全な投資意欲の醸成を図ろうとしているわけです。その点、つみたてＮＩＳＡの内容を見ていただくと分かりますが、非常に優れた仕組みになっていることが分かります。

特に購入者側、つまり投資家の側に立っているという点で、これまでの取り組みとは大きく異なっています。それだけ金融庁としても、販売されている投資信託に対して、販売者側である金融機関の都合が反映されすぎていると危惧しているのでしょう。

金融庁の森信親長官は、２０１７年4月に行われた日本証券アナリスト協会の講演において、次のように述べています。この発言に、投資信託の問題点がすべて詰まっていると言えそうです。

「日本の投信運用会社の多くは販売会社等の系列会社となっています。投信の運用資産額でみると、実に82％が、販売会社系列の投信運用会社により組成・運用されています。系列の投信運用会社は、販売会社のために、売れやすくかつ手数料を稼ぎやすい商品を作っているのではないかと思います。

（中略）

本年2月の我が国における純資産上位10本の投信をみてみると、これらの販売手数料の平均は3・1％、信託報酬の平均は1・5％となっています。世界的な低金利の中、こうした高いコストを上回るリターンをあげることは容易ではありません。日本の家計金融資産全体の運用による増加分が、過去20年間でプラス19％と、米国のプラス132％と比べてはるかに小さいことは、こうした投信の組成・販売のやり方も一因となっているのではないでしょうか」

◆勝っても負けても手数料が取られる

さらに、金融庁が発表している『金融レポート 主なポイント（平成28年9月）』から、日本の投資信託についての問題点を掘り下げてみましょう。

まずは、投資信託の販売手数料についてです。米国が平均0・59％なのに対し、日本の平均は実に3・20％となっています。約5倍もの開きがあることが分かります。

さらに信託報酬（年率）について見ると、米国が平均0・28％なのに対し、日本は平均1・53％。こちらも日本の方が高水準となっています。

つまり、日本で投資信託をしようとすると、勝っても負けても大きな手数料を取られてしま

■投資信託の日米比較（純資産額上位銘柄）

	規模（純資産）の平均（兆円）	販売手数料	信託報酬（年率）	収益率（年率）
		平均（税抜き）		過去10年平均
日本	1.1	3.20%	1.53%	▲0.11%
米国	22.6	0.59%	0.28%	5.20%

（注）・米国投信純資産額は1ドル＝112.43円にて換算。
・日本の販売手数料は上限。米国投信でシェアクラスによって手数料が異なる場合は、各クラスの残高を基に加重平均。
・収益率は、販売手数料を加味し、分配金を再投資しないベースで算出。
〈金融庁資料をもとに作成〉

うということです。

もっと言えば、最初の段階で手数料を取られてしまう以上、よほどのリターンが得られなければプラスにならないのです。

ちなみに、投資信託の販売額や収益については、右肩上がりに伸び続けています。つまり、それだけ投資信託を販売している業者が儲けているということです。

これが日本における投資信託の実情です。このような状況において、投資を積極的に行おうと思う人が増えるはずもありません。

今回、つみたてＮＩＳＡのような制度がスタートするのも、金融庁が現状を看過できなくなったことを意味しているのでしょう。

投資信託を販売している金融機関が、有名タレントを活用したイメージ戦略や大々的なプロモーション活動を展開していることを考えてみると、高い販売手数料になっているというのもうなずけるはずです。
その費用をまかなっているのはまさに、投資する側の私たちなのですから。

証券マンは胃が10個あっても足りない

◆追い込まれる証券営業マン

顧客の資産形成に寄与しない投資信託を販売しなければならないことは、正義感の強い人にとって辛いことです。そのため多くの証券マンは、若くして、精神的に追い詰められることになります。

もちろん、証券会社もビジネスによって利益を上げなければ生き残れません。だからこそ、手数料を稼げる投資信託をたくさん売らなければならないわけですが、現場の社員はその分、苦労することになります。

特に、お客さまと正面から接していくにつれて、本当なら人間関係ができる一方、会社都合により売らなければならない商品を売るという行為は、精神的にもきついものがあります。お客さまにとって最も望ましい提案をしてあげたい。そう考えるのが普通です。

証券マンが胃を痛める理由はそこにあります。証券会社の利益のために、お客さまにとって最適でない提案もしなければならない。証券会社にとって優秀な人とはつまり、たくさんの手数料を取ってこられる人なのです。

投資信託のような商品を販売することを、あくまでもビジネスとして割り切れる人は、証券会社で活躍することができるでしょう。しかし、お客さまとの関係性を重視するようになってしまえば、続けていくのは難しい世界と言えそうです。

◆イメージばかりが先行する日本の投資

それでも、金融に関する基礎教育を受けてきていない日本人は、銀行や証券会社に対して、自らの資産をどのように運用すればいいのか聞いていています。その結果、手数料が高い投資信託を買わされることになります。

多くの日本人は、金融機関に対して悪いイメージを持っていません。なぜなら、金融機関が各種のイメージ戦略によってブランディングしているためです。銀行のＣＭなどを見ていただくと分かるように、そこにはさまざまな工夫がなされています。

投資の基礎をマスターしていないまま、イメージの良い金融機関に頼ってしまう。それはまさに、破滅の入り口といっても過言ではありません。事情を知っている証券会社の担当者が、良心の呵責に耐えられなくなるのも無理はないのです。

本来であれば、お客さまに対してきちんと情報を提供し、正しい判断ができるようになったうえで、投資に対するアドバイスをするべきです。しかし、そういった背景がないままに営業をしている現状は、イメージばかりが先行していると言わざるを得ません。

大切なのは、自分の資産をきちんと運用することにあります。どんなにイメージが良くても、どんなに信用できそうな気がしても、最終的には自ら判断して投資するかどうかを決定しなければならないのです。

投資に関するトラブルの多くは、投資家側の無知にあるか、あるいはその無知を利用している金融機関側に問題があると考えられます。

このような残念な状況を打開するために、金融リテラシーを高められる教育が進むことが強く望まれます。

◆優秀と評価されるのは〝手数料を稼ぐ〟人

証券会社などの金融機関において、特に優秀だと評価される人は、手数料をたくさん稼ぎ出す人です。手数料を稼ぐことが、そのまま金融機関の収益につながるためです。投資信託などはまさに、手数料を稼げる商品となります。

ただし、それが必ずしも顧客、つまり投資家の利益につながるとは限りません。高い販売手数料や維持管理費がかかることによって、よほど運が良くなければ利益が出ないこともあるためです。

それを分かっていても、自社の利益のために手数料を稼ぐというのは、大きなストレスになることでしょう。ある意味においては、知識が乏しい人を言いくるめている側面もあります。いくらビジネスとは言え、辛い部分もあるわけです。

一説によると、証券マンの寿命は平均的な寿命よりも短いと言われています。日々の激務と度重なるストレスによって、精神を病んでしまうからかもしれません。早々に転職してしまう人も少なくないでしょう。

なぜ、証券マンはそのような厳しい状況に置かれているのか。そして、その背景にある金融機関の仕組みとは。これまで説明してきたことを総合的に考えると、日本の投資業界における暗い闇が見えてくるように思います。

そのことを理解したうえで、どう対処するのかを考えるべきなのです。

カモネギ日本人の、間違いだらけの投資法

◆「成長分野に投資してほしい」というホンネ

政府が主導して投資を勧めている理由は、やはり経済の活性化ということが挙げられるでしょう。景気がいいというのはつまり、お金がきちんと循環している状態を意味します。投資にマネーが振り分けられれば、それだけお金が循環します。

好景気のときであれば、銀行にお金を預けることによって、その銀行が企業にお金を貸し出した結果、経済が活性化することもあります。しかし近年の状況を見る限り、それほど機能していないのが現実です。

そうであれば、間接的な投資ではなく、個人が直接的に投資するのを促すしかありません。

政府としては、特に「成長分野に対して積極的に投資してほしい」というのがホンネなのでは

ないでしょうか。

成長分野として最も注目されているものと言えば、テクノロジーを活用した「人工知能（AI）」や「IoT」などが挙げられるでしょう。近未来的な技術ということもあり、これから先、さらに注目される可能性があります。

あるいは、成長戦略の重点5分野である「健康寿命の延伸」「移動革命の実現」「サプライチェーンの次世代化」「快適なインフラ・まちづくり」「フィンテック」なども有望です。どれも可能性を秘めた分野ばかりです。

それらに投資してもらうことによって、日本に活力をもたらしたいのが政府の思惑でしょう。だからと言って、一般の人々をカモネギにしていいというわけではないはずですが。

◆言われるがままに投資して「カモネギ化」する日本人

日本の投資信託のように手数料があまりに高いものは論外としても、農耕型の日本人に対して、株式の購入などでリスクを取ってもらいたいというのは難しい話です。元本を守りたいという気持ちがある以上、リスクを許容できる人は少ないはずです。

ただし、忘れてはならないのが、投資信託を購入することが結果的にリスクを許容することにつながっているという事実です。投資信託にもさまざまな種類のものがありますが、問題につながる多くは株式に投資可能なタイプの投資信託です。

つまり、金融機関から勧められて前述のような投資信託を購入している人というのは、リスクの存在を十分に認識せず、リスクを許容していることになるのです。知らないうちにリスクを取らされているというのは、まさに不都合な真実であると言えるでしょう。

その場合のリスクとは、投資信託に含まれている株式が大きく値下がりすることだけを意味しているのではありません。高い手数料によって、相当の値上がりをしなければ利益が得られないということでもあるのです。

元本を重視する日本人にとって、なかなかリスクを取ることは許容できない。しかし実際には、金融機関から勧められた投資信託などによって、結果的にリスクを取ってしまっている。それで資産が減ったと嘆いても、後の祭りです。

自分で考えるよりも、信用できるであろう金融機関が勧める商品を購入した方がラクなのは事実です。できればお金のことを考えないで過ごしていたいという人もいるでしょう。

しかし、自らの資産を守ることができるのは、自分しかいないのです。

イソップ物語が教える運用法。最後に勝つのはアリやカメ

◆コツコツ増やすのが正解

これまでの話を踏まえて、日本人に向いているのはやはり、国債という結論になるのではないでしょうか。それも財務状況が悪化していながら、ほとんどリターンが得られない日本の国債ではなく、世界で最も信頼できる経済大国、アメリカの国債（米国債）ということです。

米国債についての詳しい説明は、第3章以降に譲るとして、本章の最後に投資についての考え方をおさらいしておきましょう。

投資とは、一気に大きく増やすものではありません。コツコツ堅実に増やすのが正解です。持ち金が2倍になったり、あるいは半分になったりするというのは、ギャンブルの世界です。それではあまりにもリスクが高すぎます。せっかく稼いだお金を、一瞬のうちに失ってしまう

ことなどするべきではありません。

とくに、農耕型の日本人にとって、大きな利益を狙いにいくような方法は向いていないと考えられます。そうではなく、じっくりと増やしていく。しかも、元本をなるべく減らさないようにするのがポイントです。

そう考えていくと投資対象としてお勧めできるのは、米国債を中心としたものにならざるを得ません。ポートフォリオとしては、公的年金という土台の上に米国債を置き（ＳＴＥＰ１）、あとは好みに応じて多少リスキーな金融商品を加える（ＳＴＥＰ２）というイメージです。

いずれにしても、資産運用という発想をベースにした投資を意識すれば、間違った方法ではなく、正しい方法で実践していくことが、お金の心配を減らすことになるのです。

◆ブラックボックス化している投資信託

本来、見えないものに対しては、疑念の目が向けられるのが自然です。どんなに大胆な人でも、真っ暗の中、明かりも点けずに車を走らせる人はいないでしょう。見えないということには恐怖がつきまといます。

その点、投資信託についても、ある意味では〝見えないもの〟であると言えそうです。ためしに、ご自身が所有している投資信託の中身について、どれだけ理解しているか考えてみてください。きっと、ほとんど分からないというのが現実ではないでしょうか。

そのようなブラックボックスに対して、大切なお金を投資してもいいのでしょうか。金融機関からしてみれば、「きちんと目論見書に記載している」と主張するかもしれませんが、所有者が理解していなければ意味がありません。

私たちができるのは、そのようなブラックボックスへの投資を再検討することではないでしょうか。少なくとも、金融機関が勧めているという理由だけで投資をするのではなく、「何がいいのか」をきちんと考えることから始めましょう。

タンス預金でもなく、銀行預金でもなく、金融機関が勧める投資信託でもない投資先。本書ではその解として「米国債」を提案しています。米国債はまさに、農耕型の日本人に最適であり、コツコツ増やせる投資です。

イメージとしては、一発大きく当てるというものではなく、丁寧に水をまき、大切に育てて、時間をかけてきっちりと刈り取るのが米国債です。アリとキリギリスで言えば、まさに〝アリタイプ〟の投資と言えるでしょう。

◆賢い人ほど「米国債」を買う

事実、金融リテラシーの高い人ほど、米国債を購入しています。日本や世界の富裕層も米国債を保有しています。自らの資産を賢く増やしたい人は、最終的に、米国債に行き着くのです。あるいは、誰もが知っているグローバル企業。彼らもまた、米国債保有者です。さらには、日本や中国の財務省も米国債を大量に保有しているのです。

では、なぜ多くの人は米国債の存在を知らないのでしょうか？

簡単なことです。情報が十分に行きわたっていないためです。金融機関は、自ら積極的に米国債を勧めることはありません。なぜなら購入頻度が限られているため、手数料が取りづらいためです。それよりも、頻繁に購入してもらえて、高い手数料が取れる株や投資信託を進めた方が得策でしょう。わざわざ時間をかけて米国債の魅力を伝えても、金融機関が得することはありません。

こうした理由から、その存在が知れわたっていないのも無理はないのです。そのため、米国債はまさに、知る人ぞ知る金融商品となっています。

第3章

お金が勝手に増えていく米国債投資の仕組み

そもそも債券って何？

◆債券とは「貸金」

投資や金融に馴染みがない方は、「債券」と言われてもすぐにイメージできないかもしれません。米国債の説明に入る前に、ここであらためて債券について確認しておきましょう。

そもそも債券とは、国や地方公共団体、あるいは企業などが、まとまった資金を調達する目的で発行する有価証券のことです。債券を発行し、投資家がその債券を購入すれば、発行体である国や企業などは資金を調達できるという仕組みです。

では、一般的な株式とはどう違うのでしょうか。株式が発行している企業への「出資」であるのに対し、債券はあくまでも「貸金」となります。そのため、債券は発行体への借用証書であると考えると分かりやすいかもしれません。

株式（出資）の場合、企業価値が高まることによってキャピタルゲイン（株価の上昇）やインカムゲイン（配当金）が期待できます。反対に、株価が下落すれば損をすることもあるでしょう。上がるか下がるかは企業の業績次第です。

一方、債券（貸金）の場合には、期間を定めて返済されることが予定されています。もちろん、貸しているお金なので利子もつきます。また多くの債券は、購入した時点で利子が確定しているため、いくらになって戻ってくるのかが明らかです。そのため、より安全性が高い金融商品と言えるでしょう。

取引については、株式の場合、取引時間内であればいつでも売買可能です。売却価格は取引時の価格となります。債券の場合は、満期日を待って額面金額である償還金及び利金を得るのが普通です。ただし債券も取引そのものはいつでも可能で、その場合には時価で売却することになります。

株式も債券も、発行体の「資金調達」という目的としては同じです。しかし、お金を出す側からすると大きな違いがあります。

あらかじめそれぞれの相違点を理解したうえで、購入するようにしてください。

◆ゼロクーポン債の仕組み

ところで、債券に付随する利金のことを英語で「クーポン」と言います。金融の世界では当然のごとく使われている、「ゼロクーポン（ゼロポン）」や「ゼロクーポン債（ゼロポン債）」とは、つまり利金がつかない債券のことです。

その分、購入時には、額面金額よりも安い価格で購入することが可能です。そのため「割引債」と呼ばれることもあります。償還日には額面どおりに支払われるため、その償還差益が利金の代わりになり、まとめて受け取れることになります。

一方、利金がつく債券については、一般的に「利付債」と呼ばれています。利金がつくため、定期的な収入を得られるのが魅力ではありますが、将来のためにまとまったお金が欲しいという場合には適していません。

本書でお勧めしているのは、米国債の中でも、とくにゼロクーポンのもの（「米国ゼロクーポン債」）となります。利金がない分、額面金額より安く購入できて、しかも償還日には償還金をまとめて受け取れる。まさに年金のような金融商品と言えます。

さらに、投資金額がそれほど多くなくて済むのも魅力です。たとえば30年物の米国ゼロクーポン債に100万円投資すると、30年後には概算で2・2倍の220万円になって返ってくるイメージです（税金及び為替変動は考慮せず／2017年10月現在）。

債券特有の安全性を維持しながら、これだけのリターンを得られる金融商品は他に見つけることができません。

元本を減らすことなく、しかもお金を増やせるのが米国ゼロクーポン債なのです。

◆日本の国債をお勧めできない理由

もっとも、国債を発行しているのはアメリカだけではありません。日本やドイツ、フランス、スペイン、イタリアなど、いわゆる先進国の多くは国債を発行しています。資金調達の手段としては、それだけオーソドックスな手法と言えます。

「それなら母国である日本の国債を買いたい」と思う人もいるかもしれません。しかし、資産運用という観点から考えると、日本の国債はあまりお勧めできません。なぜなら格付けに不安があり、さらには利回りも芳しくないためです。

第1章でも紹介したように、日本国の格付けは全体の24位です（2017年11月時点）。米国はもちろん、フランスやイギリス、韓国、中国よりも下位に位置しています。格付け会社ムーディーズの評価は「A1」。同じくS&Pでは「A+」となっています。

ちなみに、米国の評価はそれぞれ「Aaa（最高ランク）」と「AA+（準最高ランク）」です。このことからも、他国との比較上、日本の財務状況には疑問符がついていることが確認できるはずです。

また利回りが芳しくない理由については、ご存じのとおりアベノミクスの「ゼロ金利政策」が影響しています。ゼロ金利政策においては、政策金利がゼロパーセントかあるいはそれに近い状態となります。

そのため日本の国債を買っても、運用で得られる果実がほとんどないのが実情です。

元本がきちんと返ってくるのは債券だけ

◆まずは元本を守るということ

第2章において、日本人は元本が減ることを極端に嫌う国民性があるというお話をしました。その背景には、基礎教育としての金融教育がなされていないことや、もともと農耕民族であることなどが関係していると考えられます。

では、元本を維持しながら資産運用をすることはできるのでしょうか。遠い昔であれば、銀行預金や定期預金であっても、それなりに増えていく時代がありました。しかし現代では、それらの預金につく利率にはゼロがいくつも並んでいます。

そこでお勧めなのが、「債券」とくに「米国ゼロクーポン債」となります。債券であれば、満期日に額面金額を受け取れるため、元本を維持したまま資産運用が可能です。また米国ゼロクーポン債であれば、格付けという点からも、利回りという点からも優秀です。

ここであらためて、債券（特に米国ゼロクーポン債）の利点について確認しておきましょう。債券には大きく「安全性」「収益性」「流動性」という3つの利点があります。これらのメリットがあるために、多くの人が債券に投資しているのです。

まずは「安全性」についてです。すでに述べているように、債券は株式などとは異なり、満期日の償還額（額面金額）が決まっています。そのため途中で売却しない限り、額面金額をきちんと受け取れるのが魅力です。

ただし、あくまでも理論的にではありますが、発行元の倒産や破綻によって元本の返済や利払いができなくなることがあります。だからこそ、発行元の信用度をはかる指標として、格付けをチェックしておくべきなのです。

債券ならではのメリットである安全性を確実に享受するためには、格付けの確認が欠かせません。本書において、日本の国債ではなく、米国債をお勧めしている理由もここにあります。

◆ゼロクーポン債の「収益性」

2つ目の利点である「収益性」について見ていきましょう。割引債と言われるゼロクーポン債の場合、収益性に疑問を持たれている方もいるかもしれません。しかし、それは誤解です。ゼロクーポン債は、とても収益性に優れた金融商品なのです。

収益性とは「投資に対してどのくらいのリターンが得られるか」ということを意味していますす。つまり、より少ない金額を投資し、より多くの利益を得られるのがベストであり、収益性に優れていると考えられます。

ゼロクーポン債の場合、初期の投資額は額面金額よりも小さくなります。考え方としては、「満期までの利子に相当する金額が、あらかじめ元本から差し引かれた価格で発行されており、満期時には額面金額で償還される」ということです。

イメージするのが少し難しいかもしれませんが、要するに、途中で利子がつかない代わりに、その分、購入時に安く買えるということです。

一例として償還金が100ドルのゼロクーポン債があった場合、購入価格は80ドルなどのように、あらかじめ割引されています。この差し引き20ドルが利子相当分であり、償還時の収益となるのです。

また、本書でお勧めしている投資法としては、米国ゼロクーポン債を償還日まで保有するという手法になりますが、債券は途中で売却することも可能です。その場合、売却価格は流通価格となりますので、価格が上がってくれれば、途中売却による収益（キャピタルゲイン）を得ることもできます。

◆「流動性」が資産のバランスを整える

3つ目の利点は「流動性」です。流動性とは、どれだけ市場に流通されているかを表す指標と考えてください。ゼロクーポン債を含む米国債は世界中で売買されており、流動性が高いという特徴があります。

流動性が高いということはつまり、流通量が多いということです。いざというときに売買しやすく、資産として柔軟性があることを意味しています。途中売却できるという点は、まさに米国債の流動性を象徴しています。

このように米国債には、「安全性」「収益性」「流動性」という3つのメリットがあります。だからこそ、投資初心者でも安心してトライすることができ、さらに無駄のない資産運用が可能となるのです。

とくにゼロクーポン債の場合は、途中の利払いもなく、償還日までほったらかしにすることができます。途中売却可能という安心感がありつつも、特別な事情が発生しない限り、途中で売却を考える必要もありません。

そして、きちんと収益が得られる米国ゼロクーポン債であれば、資産を増やしながら将来に備えることができます。発行元が破綻しない限り、また1ドル50円のような著しい円高にならない限り、元本を失うこともないため、コツコツ着実に増やせる、まさに日本人向きの投資なのです。

雪だるま式に増える複利の魅力

◆お金が増える「複利」の法則

天才物理学者のアインシュタインが、「人類最大の発明は複利である（The most powerful force in the universe is compound interest.）」という名言を残しているのは有名です。この発言の内容は、金融に馴染みのある人であれば容易に理解できるはずです。

ただし日本人のなかには、あまりピンとこない方もいるかもしれません。いくら米国ゼロクーポン債が優れていると言っても、複利の良さが分からなければ、実際に購入する気にはならないでしょう。

そこで、あらゆる投資に共通する利点、複利の法則について簡単に紹介しておきます。

いわゆる利息には「単利」と「複利」があります。単利とはつまり、元本だけに利息がつくというもの。元本が１００万円で年利が10％だった場合、１年後は１１０万円、２年後は１２０万円、３年後は１３０万円と、毎年10万円ずつ増えていくことになります。

一方で複利とは、元本と利息を含めた金額に利息がつくというものです。同じく１００万円の年利10％でも、１年後に１１０万円、２年後に１２１万円、３年後には１３３万円と、少しずつ増える金額が多くなっていくのです。

短期間でしかも少額であれば、単利でも複利でもそれほど差はありません。しかし、これが高額及び長期間であったらどうでしょうか。

たとえば、単利で元本１０００万円、年利10％の場合、10年後の金額は２０００万円となります。一方、複利で元本１０００万円、年利10％の場合、10年後の金額は約２５９０万円にもなるのです。

もちろん、金額が多ければ多いほど、期間が長ければ長いほど、複利はふくらんでいくことになります。これこそまさに、複利の魅力と言えるでしょう。

◆米国ゼロクーポン債と為替リスク

資産運用において、インフレとともに重要な要素として為替についても言及しました。為替が変動することによって、日本円の価値は、上がることもあれば下がることもあります。急激な円安になることも、反対に円が高騰することも、そうそう頻繁には起こらないでしょうが、先行きの不透明感はいずれにしても残ります。

そのような事態にも、米国ゼロクーポン債を保有しておけば安心です。たとえば円の価値が下がっても、ドル建ての米国ゼロクーポン債があれば、ドルを保有しているのと変わりません。保有資産の価値が上がることになります。

一方、円高になったとしても慌てる必要はありません。とりあえずドルのまま保有しておくことで、その後の変化にも対応できます。為替はつねに変動しているということからも、円とドルを両方持ち、リスクを分散させておけばいいのです。

インフレ、為替、そして資産を増やすための複利効果。資産運用に欠かせないあらゆる要素をカバーしてくれるのが米国ゼロクーポン債です。

第4章

◆

ノーリスク、ストレスフリーの米国債の秘密

米国債は1年に1度、思い出すだけでいい

◆米国債を買うのは毎年1回のみ

投資や資産運用と聞くと、「手間がかかりそう」「いつも気にしていなければならない」と考える人も多いかと思います。しかし、米国債の場合には、ほとんど手間がかかりません。必要なのは、毎年1回の購入手続きだけです。

つまり、米国債は基本的に〝ほったらかし〟で資産運用ができてしまう投資法なのです。株や投資信託、あるいはFXのように、投資対象の変化を気にしたり、売買のタイミングを模索したりする必要はありません。

特に本業がある人にとって、常に気にしなければならない投資法は負担になります。仕事をしていても「株の値段はどうなったか」「為替に変化はあったのか」と考えてしまうと、一番

大切な本業に集中することができません。

だからこそ、多くの方は「負担がない投資法」を選ぶべきなのです。ほったらかしで資産運用ができるのなら、きちんと本業に集中することができます。もちろん、週末は趣味や家族サービスにも没頭できるのです。

例えば米国債において、私が勧めている購入方法をご紹介しましょう。まず1年のうちで、ある特定の日を決めます。それが米国債の購入日です。その日に、証券会社に電話して、決まった金額の米国債を買う。それだけです。

あとは、満期日が訪れるまで放っておく。この作業を20年なら20年、25年なら25年ひたすら繰り返すだけです。1年に1回だけでいいので、ほとんど負担にはなりません。

また、購入した米国債の値動きについても、気にすることはないのです。

◆手数料は基本的にかからない

株や投資信託のように、証券会社から取られる手数料が気になる人もいるでしょう。しかし、特に米国ゼロクーポン債を償還日まで保有するのであれば、購入時に手数料相当分を支払った形になり、その後は手数料はかかりません。

通常、株を購入したり、あるいは売却したりすると、「売買手数料」がかかります。また投資信託の場合であれば、「販売手数料」や「信託報酬」も気にしなければなりません。その点、ゼロクーポン債はコスト面からも圧倒的に有利と言えるでしょう。

◆計算がしやすいのも米国債の利点

購入した米国債は、満期日まで証券会社が管理することになります。いわゆる「保護預かり」と呼ばれる制度です。証券会社が責任を持って預かってくれるため、自ら管理する手間は一切ありません。

「証券会社が倒産したらどうなるの？」と思う方もいるかもしれません。しかし、そのような心配は無用です。保護預かりによって、会社とは別勘定で保管されているため取引先の証券会社が万一倒産したとしても、債券自体は影響を受けません。

特に、大手証券会社の多くは上場会社であり、信頼して任せてしまって問題ありません。米国債を購入した人は、満期日までひたすら待つだけでいいのです。それこそまさに、米国債投資の醍醐味と言えるでしょう。

例えば35歳から毎年1万ドルの米国債投資を始めた人は、約30年後に償還日を迎えます。36歳、37歳、38歳と、毎年のようにゼロクーポン債投資を続けていれば、65歳、66歳、67歳というように、毎年きちんと1万ドルがもらえるのです。

老後に安定した収入を得られるというのは、それだけで将来不安の解消につながります。年金だけに頼るのではなく、ゼロクーポン債投資によって老後の収入を補完し、ライフプランを立てていきましょう。

米国債なら元本割れリスクはほぼゼロ

◆米国債は購入時に利回りが確定する

すでに述べているように、米国債は購入時に利回りが確定します。正確には、購入時に利金分を差し引いた価格で購入できるため、事前にいくらもらえるか（償還金額）、そしていくらの利益が出るか（償還金額－購入価格）が明らかになります。

株や投資信託、あるいは為替取引（FXなど）であれば、購入時に売却後の価格が明らかになることはありません。その後の価格変化をチェックして、売却に適した時期を探る必要があります。それだけ労力と時間をかけなければならないのです。

投資に慣れている人ならそれでもいいのですが、普段からあまり投資に馴染みがない人の場合、そのための負担は重荷となってしまいます。そうであれば、事前に売却時の価格が分かってしまう方が投資しやすいでしょう。

たとえば、米国ゼロクーポン債を野村證券の窓口で購入する場合を考えてみましょう。28年4カ月物の米国ゼロクーポン債は、購入単価が「45・52」となっています（2017年10月時点）。つまり額面金額を1万ドルにしたい場合、4552ドルで購入できるということです。

これが割引債と呼ばれる所以です。額面金額、要するに28年4カ月後にもらえる金額は1万ドルですが、購入時は「1万ドル×45・52％＝4552ドル」で買えてしまう。それだけ事前に割引されて（利金分が差し引かれて）、販売しているということです。

ちなみに、この場合の利回りを計算すると、「2・790％」となります。安全に運用できて、かつドルベースで3％近くの利回りが購入時に確定しています。

理論上為替リスクはあるものの、これだけ分かりやすく、しかも安心して購入できる金融商品は、他にはありません。

◆米国債の利回りはどう決まるのか？

30年後にもらえる金額が確定しているということは、購入時に、リターンがフィックスして

■残存期間別利回り

満期までの残存日数	購入単価	利回り（%）
21年7カ月	56.86	2.630
22年4カ月	55.31	2.660
24年4カ月	51.67	2.730
26年4カ月	48.04	2.770
28年4カ月	45.52	2.790

（2017年10月時点）

いるということです。投資経験がある方にとって、このインパクトはかなり大きいものだと思います。

ところで、米国債の利回りはどのようにして決まるのでしょうか。実は、米国債は絶えず市場で取引されており、その利回りは常に変化しています。したがって具体的には、償還日ごとに購入単価と利回りが決まります。

例えば、野村證券で1万ドルの米国ゼロクーポン債を購入した場合について考えてみましょう。上表をご覧ください。

残存とは、償還日までの期間を意味しています。「28年4カ月」であれば、28年4カ月後に償還日を迎えることになります。つまり28年4

カ月後に投資したお金が返ってくるということです。

次に、購入単価を見てください。28年4カ月物の購入単価は「45・52」となっています。これは額面金額100％に対して45・52％と解釈できます。よって今回、1万ドルの米国ゼロクーポン債を購入すると仮定するため、

1万ドル（額面金額）×45・52（購入単価％）＝4552ドル

この4552ドルが、購入時に支払う金額です。現在4552ドルで購入した米国ゼロクーポン債は、28年4カ月後に1万ドルで償還されます。その金利が「2・790％」というわけです。

金利が変動することによって、これらの数値も少しずつ変わっていきます。大切なことは、購入するタイミングよりも、むしろ、いつから始めるかです。老後のことを考えると、できるだけ早くスタートした方が有利です。期間が短ければそれだけ得られる利回りも少なくなってしまいます。

◆最大で満期日までの期間は30年ほど

本書では30年物の米国ゼロクーポン債をお勧めしていますが、証券会社によっては、必ずしも用意しているとは限りません。世界中で販売されている米国債を、すべての証券会社が保有しているわけではないためです。

例えば前述の野村證券の場合であれば、28年4カ月物が最長となっています（２０１７年10月時点）。どこの証券会社で米国債を購入するにしても、期間が最長のものを確認したうえで、検討した方がいいでしょう。

目安としては、最大で30年物があるということ。そして、その多くはぴったり30年というわけではないため、注意してください。いずれにしても、満期日さえきちんと確認しておけば、もらいそびれることはありません。

注文自体も、担当者に電話するだけで完了します。購入時の単価や利回りについても、電話で確認しておくと便利です。

もちろん、証券会社によってはインターネット上でも確認できます。

30年物米国ゼロクーポン債であれば、元本割れのリスクもほぼありません。万が一、アメリカが破綻しそうなときは、むしろ世界中の国々が危機になっていることでしょう。そのような地球規模での危機的事態を想定する必要はないと思っています。

米国債投資によって30年後の生活を固めておく。きちんと継続していけば、30年後の生活がきっと楽しみになるはずです。

日本人に最適な米国債投資法

◆米国債はコツコツ頑張る人の味方

米国ゼロクーポン債は、コツコツ頑張って堅実に資産運用したい人の味方です。

パソコンの画面にかじりついて、朝も夜もなくトレーディングする必要などありません。1

■著者の勧める土台となる資産構成

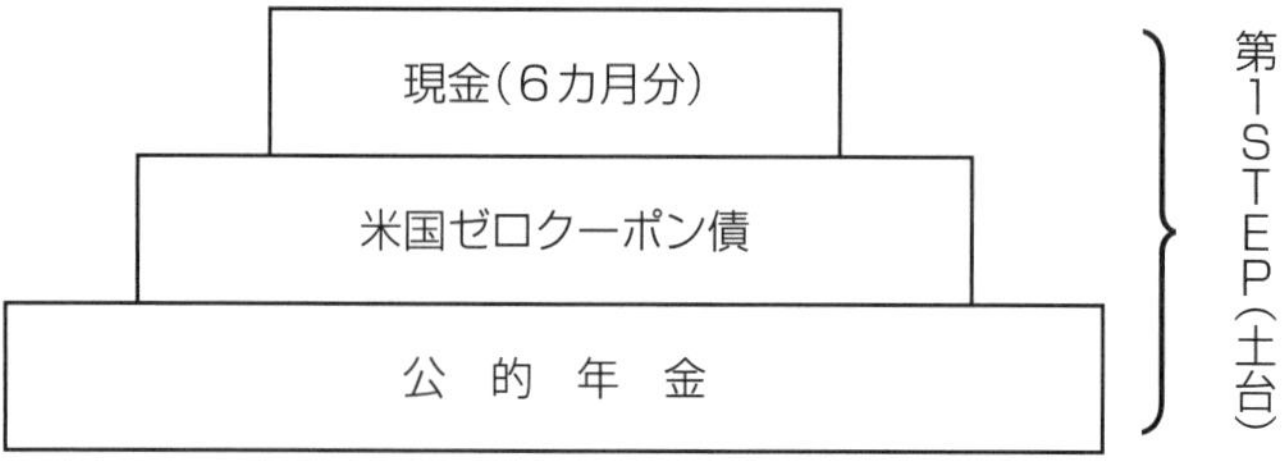

年に1回、証券会社に電話して購入すれば、あとは放っておいて構いません。

その点、裏を返せば面白味のない投資と言えるかもしれません。「もっと刺激的な投資に挑戦してみたい」という人は、株やＦＸにチャレンジした方がいいでしょう。あくまでも個々人の選択次第です。

ただそれでも、ポートフォリオ（金融商品の組み合わせ）のなかに、米国ゼロクーポン債を入れておくべきだとは申し上げておきます。結局のところ、資産運用はバランスが大事です。リスクを取るにしても、再起不能になってしまうことは避けた方がいいでしょう。

私がお勧めするポートフォリオについて、ここで簡単に紹介しておきます。上表をご覧ください。

まず、土台となるのは「公的年金」です。公的年金がきちんと支払われることによって、老後の生活は安定します。

次に、「米国ゼロクーポン債」があります。これはまさに、年金額を上乗せする「自分年金」と考えていいでしょう。米国ゼロクーポン債は、満期日にもらえる額が決まっているので、年金のように取り扱うことが可能です。

そしてその上に、「現金（預金）」があります。この場合の現金（預金）とは、最低限の生活に必要な6カ月分の資金となります。およそ200万円～と考えてください。

この3つが、老後の生活を支える、まさに土台となる資産構成です。それらに加えて、成長戦略の投資（つみたてNISA）も組み込むことで、資産構成はさらに盤石になります。

理想的なポートフォリオについての詳細は、第7章であらためて解説していきます。

◆米国債投資はいつから始めればいいのか？

30年物の米国債を購入するとなると、償還日を迎えるのは30年後となります。つまり、30年後にお金がもらえることを考慮に入れて、米国債投資を始める必要があります。

たとえば、30歳から米国債投資を始めた場合、償還日を迎えるのは60歳です。60歳であれば、まだ仕事をしている人がほとんどでしょう。そのため米国債の償還は、臨時収入としての扱いになりそうです。

ご存じのように、かつて日本では60歳が定年とされていました。しかし、平成25年4月1日から施行されている「高年齢者等の雇用の安定等に関する法律（高年齢者雇用安定法）」の改正によって、定年は65歳まで延びました。

もちろん、この法改正は必ずしも65歳定年を義務付けるものではありません。ただ、社会的な要請を踏まえて、事実上、65歳が定年になったと考えるべきです。年金の支給開始が65歳になったことからもそれは明らかでしょう。

そうなると、30歳からの米国債投資は少し早いぐらいかもしれません。定年後に年金プラスアルファでお金をもらいたいという人は、35歳がひとつの目安となりそうです。

35歳から米国債投資を続けていれば、30年後の65歳から償還日を迎え、毎年お金がもらえることになります。額面金額1万ドルであれば、1ドル120円として120万円。つまり、月々10万円がプラスされるのです（税金、為替変動は考慮せず）。

このように、65歳からもらえることを考えて、米国債投資のスタート時期を逆算してみるのが王道です。

あとは、利回りや投資額なども考慮して、できるだけ早く始めるようにしましょう。

◆最高点を取る必要はない

米国債は金利によって価格が変動すると説明しました。そのことから考えると、「最も安い時期に購入した方がいいのでは」と思う人もいるかもしれません。ただ、そこにこだわりすぎる必要はないと思います。

金利はつねに変動しています。そして金利がどのように変動するかについては、正確に予想することは難しいでしょう。金利の動向を考え出してしまうと、そこに時間や労力を取られてしまいます。

それでは、せっかくほったらかしで運用できる米国債投資の魅力が半減してしまいます。そこに時間や労力をかけるぐらいなら、購入日をあらかじめ決めてしまって、何も考えずに購入した方が得策です。

たまたま今年は最安値で購入できたとしても、来年以降もそれが続くとは限りません。最適なタイミングは誰にも分かりませんし、その多くは結果論であることがほとんどです。

米国債投資によって実現するべきことは、あくまでも資産形成であり、将来資金の獲得です。その点を誤解しないようにしてください。金利を追い始めてしまえば、どこまで行ってもイタチごっこになりかねません。

無理に最高点を取ろうとするのではなく、及第点を堅実に、長く続けていくことが大事なのです。

維持費ゼロ！　これが他の投資にはない米国債の強み

◆米国債における「口座管理料」とは

株や投資信託へ投資する場合には、「手数料」や「維持費（信託報酬）」がかかります。第2章でも紹介しているとおり、特に日本の投資信託はこれらが非常に高く、よほど運用がうまくいかなければ利益が出ない仕組みとなっています。

あらためて、日本の投資信託における「販売手数料」と「信託報酬（年率）」の平均値（税抜き）を見ていきましょう。Ｐ71の表にあるように、それぞれ「3・20％」「1・53％」となっています。つまり、これだけのお金が取られてしまうということです。

一方、米国の投資信託はどうでしょうか。同じように「販売手数料」と「信託報酬（年率）」の平均値（税抜き）を見てみると、それぞれ「0・59％」「0・28％」となっています。日本がどれだけ高いのか、お分かりいただけることでしょう。

では、米国債の場合はどうなのでしょうか。実は、証券会社によって異なります。いわゆる「口座管理料」を取っている証券会社もあれば、取っていない証券会社もあります。たとえば大和証券の場合、年間「３０００円＋消費税（２０１７年10月時点）」が必要とされています。ただ、投資金額が多ければ口座管理料が無料になる証券会社もあるなど、金融機関に差があるのが実態です。購入時にはあらためて、確認してみることをお勧めします。条件によっては、管理手数料が無料になるところもあります。

いずれにしても米国債の場合は、投資信託のような「販売手数料」や「信託報酬」、「維持費」などを気にすることなく投資することができます。額面金額があらかじめ決まっているため、安心して取り組むことが可能です。

◆毎月のように購入しても問題はないが……

貯蓄するのが苦手な人は、毎年ではなく、月々で投資したいと思うかもしれません。必ずしもそのような方法を否定するわけではありませんが、お勧めできないのが実情です。

こと資産形成においては、なるべく手間をかけないのが得策です。年に1回の購入であれば、あらかじめ日にちを決めておき、あとは電話をかければいいだけです。ほとんど負担にはなりません。

しかし毎月であればどうでしょうか。電話をする手間もかかりますし、忘れてしまうときもあるでしょう。また、その度に米国債に対して意識が向くことになるため、本業への集中力が落ちる可能性も懸念されます。

できるだけ労力や時間をかけることなく、堅実にお金を増やしていく。それが資産形成の基本です。そう考えると、毎月のように米国債を購入するのは手間になるでしょう。

どうしても貯蓄できないという人はそれでも構いませんが、基本的には、年に1回の購入が最適です。それ以上、増やしたり減らしたりしてしまうとバランスが崩れてしまう可能性があります。

夏休みや正月明け、年末のボーナス期など、投資しやすい日にちはたくさんあります。そのなかから、継続的に投資できる日を決めて、着実に取り組んでいきましょう。

貯蓄の習慣を身につけることもまた、資産形成の練習になるかもしれません。

◆負担をなるべく減らすこと

特に、これから初めて積立投資をする方であれば、「負担をなるべく減らすこと」に注力してみてください。積立投資で最も失敗しやすいポイントは、やはり継続できないことにあるからです。

いくら優れた方法論でも、途中で止めてしまっては意味がありません。本書で紹介している米国債投資についても、継続してこそ価値があります。続けることがリスクを減らし、将来の備えにつながるのです。

景気、為替、金利、インフレ・デフレなど、社会情勢は常に変化しています。将来の備えとはつまり、それらの変化に対応することです。変化を完璧に予想できないからこそ、適切な対応が求められます。

毎年、同じ金額を投資するということは、それらのリスクに対応することになります。なぜなら、長期にわたって続けることにより、上がり下がりの変化を最小化することができるためです。

たとえば景気であれば、良くなったり悪くなったりします。それは歴史を見れば明らかです。しかし、いつ良くなるのか、あるいはいつ悪くなるのかは分かりません。ただ、継続的に投資をしていれば、それらの影響が収斂《しゅうれん》することになるのです。

「株を安いときに買おう」「金利が高いときに始めよう」。このように考えていると、いつまで経っても投資することができません。また、良いときも悪いときも、中長期的に見るとバランスしています。

だからこそ、自らの負担を減らす努力の方が大切なのです。

どれくらいの金額で、どのように買えばいいのか

◆米国債を活用した資産形成のモデルケース

米国債を購入するにあたり、将来のお金のあり方について考えてみましょう。そうすることで、いつ、どのくらいの金額で米国債を購入するべきかが明らかになります。

まず、老後の資金として一般的なのは「年金（公的年金）」です。厚生労働省年金局が平成29年3月に発表した『厚生年金保険・国民年金事業の概況（平成27年度）』によると、国民年金（老齢基礎年金）の平均支給額は、月額5万5千円ほどとなっています。

ただ、これから先のことを考えると、どれだけもらえるかは未知数です。年金制度の将来性

が疑問視されている現状を考慮すると、それほど期待はできないかもしれません。そこで、自ら年金を構築する必要があります。

個人の年金ということで言うと、『個人型確定拠出年金「ｉＤｅＣｏ（イデコ）」』をイメージされる方がいるかもしれませんが、本書でお勧めしているのはあくまでも米国ゼロクーポン債です（ｉＤｅＣｏについては第7章で解説しています）。

つまり、土台となる年金がほぼ支給されないことを前提にして、ゼロクーポン債で老後資金を運用するのです。そうなると、老後にどのような生活をしたいのか想像してみれば、ゼロクーポン債で生み出すべき金額もおおむね予想できるでしょう。

預貯金やその他の金融資産も考慮して、既存の年金支給額と同じぐらいあれば大丈夫そうであれば、月額５万円（年間60万円）ほどが将来、確保できるように投資すればいいのです。１ドル１２０円だとすれば、額面金額で５０００ドルとなります。

将来的な為替変動を考慮しても、額面金額が５０００ドルになるように投資すれば十分と言えるでしょう。

◆生活費はきちんと貯蓄しておく

米国ゼロクーポン債投資で実現するのは、あくまでも将来の資産形成です。そのため、現在の生活を安定化させる方策をおろそかにしてはいけません。特に用意しておきたいのは、およそ6カ月分の生活費に相当する「預貯金」です。

預貯金は、そのまま持っていても増えません。複利という観点から考えるとマイナスです。しかし、何かあった場合の備えとしての預貯金は、あくまでも投資をするための前提として不可欠です。

6カ月分の生活費は家庭によって異なります。なぜなら年収や家族構成によって、生活にかかるお金が変わるためです。目安としては、おおむね年収の半分ほどでしょうか。ただ最低でも、200万円は用意しておきたいところです。

200万円の預貯金があれば、いざというときでも安心です。不慮の事故や病気などにも対応できます。ほとんどの場合、民間の保険に頼ることなく対応できるはずです（保険の話は第6章で詳しく解説しています）。

この200万円については、できるだけすぐに動かせる状態をキープしてください。銀行預金でもタンス預金でも構いません。いずれにしても、現金で保管しておくのがポイントです。

きちんと生活費を用意しておけば、安心して投資にお金を振り分けることができます。何かあった場合の心配をする必要もありません。まずは6カ月分のキャッシュを用意したうえで、米国ゼロクーポン債投資を開始しましょう。

◆他所への投資は米国債投資をしたうえで

預貯金がしっかりとあり、米国ゼロクーポン債投資もきちんと行っている。それでもなお、お金が余っているという人は、株やその他の投資を行ってもいいでしょう。ポートフォリオのなかで、リスク資産を持つのも悪いことではありません。

要はバランスの問題です。守るべき部分ではしっかりと守りつつ、余裕があるのなら少しだけ攻めてみる。投資計画のなかにおいて、整合性が取れているのであれば、そのような投資を検討しても構いません。

ただし、米国債のような優れた金融商品を知ってしまうと、他の投資に対して魅力を感じない可能性はあります。安定性、安全性、利回り、そしてリスクヘッジの観点からも、やはり米国債は非常に優秀なのです。

どうしても他の投資をしたいという人は、「つみたてNISA」などの制度を活用し、日本株と外国株のインデックス投信を買うといいでしょう。つみたてNISAであれば、税金が優遇されているのでお勧めです。

また、インデックス投信の投資は、投資理論の観点からも合理的であると考えられます。人による予想ではなく、あくまでも市場の平均を目指すものなので、長期で考えるとリスクヘッジになるためです。

第1章でも紹介しているように、人の予想というのは当てになりません。短期ならともかく、中長期で市場平均以上のリターンを実現することは神業です。そのことを頭に入れたうえで、検討してみてください。

つみたてNISAと米国債で将来不安が激減

◆NISAとは何か？

米国債投資と併せて実践してもらいたいものとして、「つみたてNISA」があります。米国債投資だけでも資産運用は問題ありませんが、つみたてNISAを組み合わせることにより、さらに盤石な資産形成が可能となります。

ここであらためて、つみたてNISAについて詳しく解説していきましょう。

そもそもNISAは、イギリスのISA（Individual Savings Account：個人貯蓄口座）をモデルにしたものです。その日本版ということで、NISA（Nippon Individual Savings Account：ニーサ）という名称がつけられました。

そんなNISAの特徴は、NISA口座（非課税口座）内であれば利益が非課税になるという点にあります。具体的には、毎年一定金額の範囲内（上限120万円）において、購入した金融商品から得られる利益に対し、税金がかからなくなる制度となります。

ただし、NISAの非課税期間は最長5年とされており、長期投資には向いていないという指摘がありました。期間経過後、新たな非課税投資枠への移管（ロールオーバー）による継続保有は可能ですが、それでは手間がかかってしまいます。

そこで、長期投資に特化した仕組みとして登場したのが「つみたてNISA」というわけです。つみたてNISAはまさに、少額からの長期・積立・分散投資を支援するための、非課税制度と位置づけられています。

◆資産の配分を工夫して

NISAの概要を理解したうえで、つみたてNISAの詳細について見ていきましょう。

その名称からも明らかなように、つみたてNISAは通常のNISAの〝積立投資版〟となります。ただしその中身については、通常のNISAよりも、より投資家の視点に立った制度であると言えそうです。

つみたてＮＩＳＡでは、毎年40万円を上限として、積立投資を行った商品から得た売却益及び配当金が20年間非課税になります。この点、税金が優遇されている一般のＮＩＳＡと似ています。

つみたてＮＩＳＡが誕生した背景にあったのは、既存の投資信託に対する批判でした。つまり、既存の金融商品が販売する証券会社のために売りやすく、そして手数料を稼ぎやすいものばかりだったのです。

このままでは日本の資産運用業が衰退してしまう。そのように懸念した金融庁が、満を持して打ち出したものが、つみたてＮＩＳＡだったというわけです。

事実、金融庁が発表したところによると、つみたてＮＩＳＡの要件を満たす国内株式型のインデックス投信における信託報酬率は平均０・27％。この低さからも、いかに顧客目線に立っているかが垣間見えます。

◆「つみたてＮＩＳＡ」と米国債の相性は抜群

米国債投資をする人であれば、お勧めなのはつみたてＮＩＳＡです。つみたてＮＩＳＡは長期投資に向いていますし、換金性も高く、税の優遇もあるのでその点、米国債との相性も抜群です。米国債に投資しつつ、つみたてNISAも行うといいでしょう。

ただし、つみたてNISAで行う投資は、一般的な投資と変わりません。手数料はたしかに低い金融商品が厳選されているものの、上がるか下がるかについては未知数です。そのリスクを許容しなければなりません。

理想的な資産運用としては、米国ゼロクーポン債で安定的に資産を形成しつつ、つみたてNISAでリスクを取りながら攻めの投資をしていくことでしょうか。

そのあたりについては、ご自身の資産状況を踏まえつつ、バランスよく考えるようにしてください。

米国債は、農耕民族の日本人にフィットする

◆35歳から始める米国債投資

ここからは、実際に米国ゼロクーポン債を購入した場合のシミュレーションをしていきましょう。まずは、現在35歳の方が米国債投資を始めた場合について考えてみましょう。

35歳ということは、公的年金の支給まで30年ほどあることになります。米国ゼロクーポン債の満期日が最長でおよそ30年ほどなので、スタートするにはちょうどいいタイミングであると言えそうです。

ただ、公的年金と同程度の金額を毎年もらいたいとなれば、為替も考慮して、おおむね年間に額面金額で1万ドルほど投資する必要があります。額面金額で1万ドルとなると、購入単価は4552ドル（45・52％）です（2017年10月時点。野村證券の場合）。

1ドル110円で計算すると、4552ドルは500720円。つまり、年間約50万円の投資が必要となります。そのため、毎月に換算すると4万円ほど投資すれば、およそ30年後に年金と同規模以上のお金がもらえることになります。

本書では、なるべく手間がかからないように、年1回の購入をお勧めしています。そのため、米国ゼロクーポン債の購入費用として月々4万円を貯蓄して、購入日にまとめて額面金額1万ドルを購入することになります。

月々4万円、1年で50万円ほどの投資であれば、普段の貯蓄を米国債に回すだけで実現できる範囲だと考えられます。あるいは、必要ない保険を解約すれば、無理なく捻出できる金額です（保険については第6章で詳しく解説しています）。

◆年収の1割を米国債用に捻出する

月々4万円の投資となると、年収400万円の人において、収入の約1割を投資することになります。これは決して無理な数字ではありません。生活費などを差し引き、余ったお金からでも十分に捻出できるはずです。

もし、それだけの投資ができないのであれば、まずは家計を見直してみることです。収入に見合わない支出があるか、あるいはどこかに無駄が隠されていると考えられます。それらをなくせば、きちんと投資に回すお金が確保できます。

特に20代のうちであれば、収入がそれほど伸びず、投資は難しいかもしれません。そのため、無理に20代から投資を行う必要はないでしょう。むしろ自分に投資して、収入を伸ばした方がいいのです。

30歳を超えてくると、キャリアの先行きも見通せるようになります。そうなると、収入と支出のバランスを考慮しつつ、投資に回すお金を準備し始めるべきでしょう。もちろん、ボーナスで米国債を購入しても構いません。

大切なのは、再現性の高い方法で継続していくことです。米国債投資は毎年のことなので、途中で無理が出てしまうようなやり方は適しません。そうではなく、毎年ほぼ確実にできる方法でお金を捻出してください。

収入と支出をきちんと把握し、あらかじめ投資に向けるお金を確保しておくこと。そのような習慣が身につけば、お金の管理もぐっと楽になります。計画的にお金を使えるようになれば、生活の無駄も減っていくことでしょう。

◆どれだけ稼いでも使ってしまえば同じ

「米国債投資をしたいけど収入が少なくて……」。そのように悩んでいる人もいるかもしれません。しかし、米国債投資に必要な金額は、年間50万円ほどでいいのです。半年で25万、月々で4万円ほどです。

繰り返しになりますが、その4万円を用意できないのであれば、普段の生活をあらためる必要があります。

貯蓄や地道な投資が苦手な人の多くは、収入に見合わない額の支出をしているものです。そういう人ほど、「もっと稼ぐことができれば……」と考えてしまっています。しかし、本当にそうでしょうか。

どんなにお金を稼いでも、それ以上に使ってしまっては、いつまで経ってもお金は貯まりません。たとえ年収が1億円あったとしても、1億円以上の散財をしてしまえば、結果的に1円も貯まらないのです。

私が目の当たりにしてきた人のなかにも、そのような状況の人がいました。収入の大きさは関係ありません。大切なのは、収入に見合った支出であり、無駄な支出を減らそうとする努力にあるのです。

毎月10万円で暮らしている人は、9万5千円で暮らせるように工夫してみる。20万円で暮らしている人は、19万円で暮らせるように努力する。そのような小さな積み重ねが、やがて大きな結果へとつながります。

投資をしない理由を考えるのではなく、現状を変える工夫をしましょう。

40歳超でも旨味がある米国債投資法

◆40歳からでも遅くはない

30年後の年金代わりということで、米国債投資のモデルケースは35歳からとしていますが、

40歳を超えてからスタートしても遅くはありません。30年後にもらえるという点を考慮に入れていれば、いつから始めてもいいのが米国債投資です。

現代は、「人生100年時代」と言われています。政策としても、国が中心となって100年時代を後押ししているほどです。そう考えると、極端な話、70歳までは投資のチャンスがあると言えるかもしれません。

たとえば、現在40歳の人が米国ゼロクーポン債の30年物を購入した場合、満期日は30年後なので、70歳のときにもらえることになります。現代の70歳は、かつての70歳ではありません。仕事もまだまだできますし、趣味に励む人も多いでしょう。

あとはスタートが遅くなってしまった分、金額は多めに投資した方がいいかもしれません。35歳の人が30年間毎年投資するのとは異なり、40歳の人は定年までの25年間、額を増やして投資すればいいのです。

もっとも、その定年という概念もいつまであるのか分かりません。すでに、定年はかつてより延びていますし、定年制を廃止している企業も出てきています。あるいは、定年後の再雇用という事例も増えているのです。

そうなれば、年金代わりの米国債という発想に執着する必要はありません。とにかく30年後にもらえれば問題ないと思えるときまで、米国債投資を続けてしまっていいのです。ライフプランに合わせて、米国債の活用法を考えてみてください。

◆複利のメリットをどれだけ享受できるか

ただし、ここで注意が必要なのは、「満期日がより近い米国債を購入すればいいのでは」という発想です。実は、最長の30年物以外については、あまりお勧めできないのが実情です。その理由を考えてみましょう。

たとえば、前述の米国ゼロクーポン債の在庫中、最短のものは、2年4カ月とされています（2017年10月時点。野村證券の場合）。つまり、購入から2年4カ月後には満期日を迎え、額面金額を得られることになります。

しかしこの場合、購入単価は「97・53」、つまり1万ドルの額面金額に対し、9753ドル支払わなければならないことになります。利回りはたったの「1・070％」しかありません。

これでは、米国債投資としての旨味がないのです。

その他の数字も見てみましょう。10年10カ月物ではいかがでしょうか。こちらの場合、2年

4カ月物よりは購入単価が低いものの、それでも「78・94」、つまり1万ドルに対して7894ドル必要となります。利回りは「2・190％」です。

このように、複利のメリットについて考慮すると、最長である28年4カ月物（約30年物）でなければ、思うように増えないのが実感です。確かに、市中金利を考えれば2％でも大きいのですが、為替を含む長期投資のリスクを許容できるかどうかは疑問です。

もちろん、どうしても10年後、あるいは20年後にお金が欲しいということであれば、為替リスクを十分に加味したうえで、満期日までの日数が短い米国ゼロクーポン債に投資するのもいいでしょう。ただし、あくまでも投資の旨味は複利にあることを忘れないようにしてください。

◆米国債投資シミュレーションのまとめ

①35歳（モデルケース）

・年に1回、額面1万ドルの30年ゼロクーポン債を購入。
・35歳から55歳までの20年間、これを続ける。

※65歳時に、35歳で購入したゼロクーポン債が償還を迎え、1万ドルが口座に入る（税金考慮せず）。66歳時に、36歳で購入したゼロクーポン債が償還を迎え、1万ドルが口座に入る。以下、85歳まで自動的に毎年償還を迎える。

②25～34歳

・35歳になるまで、ゼロクーポン債に投資する必要なし（十分、間に合う）。
・毎年少しずつ35歳以降の投資のための原資を貯めていく。
・20代は貯蓄というより、「収入＞支出」のバランスをいつも維持できるよう意識して暮らすほうが重要。借金をカード支払いで回すなど、自転車操業的なライフスタイルが一番NG。悪い習慣は即脱却する。
・30歳あたりから具体的な原資づくりを始め、35歳を迎えるときに100～500万円ぐらい貯蓄できていれば尚可。
・35歳をスタートに①を実行。

③36～44歳

・30年のゼロクーポン債を①同様に20年続ける。

・最初のゼロクーポン債の償還のタイミングを65歳に合わせ、その分償還期間が短いゼロクーポン債を購入してもよい。

※40歳の方が、65歳から1万ドルを受け取りたい場合。40歳のときに、25年満期のゼロクーポン債を購入すればいい。ただし、30年物に比較し、25年物の方が投資金額は多くなる。つまり、より多くの資金が必要になることに注意する（期間が長くなるほど、複利効果でゼロクーポン債は魅力を増す）。65歳にこだわらず、70歳で構わない場合、40歳から毎年1回30年ゼロクーポン債を買い続ければいい。

④45歳～

・自分が何歳のときにゼロクーポン債の償還を迎えたいか計算する。

※45歳の方が70歳で償還希望の場合、25年のゼロクーポン債を購入すればいい。ただし、償還を早く迎えたいと思うほど、今投資するべき金額は順次上がってしまうことに注意。複利効果を最大限得たければ30年債がベストではあるが、年齢を加味し、どこで妥協するか検討する。

第5章

◆

デメリットは米国が破産したときだけ

米国債投資に向かない人とは？

◆米国債投資のデメリット

米国債投資は、必ずしもすべての人に向いているとは限りません。ここからは、米国債投資のデメリットを中心に、どのような人に米国債投資が向いていないのかを解説していきます。

すでに述べてきたとおり、米国債投資の基本は「長期投資」にあります。短い期間で投資することも可能ではありますが、複利のメリットを最大限に享受するために、最長の30年物をお勧めしています。

購入時に利回りが確定する米国債投資は、安全でありかつ安定的な資産運用が可能です。その点、リスクは少ないと言えます。リスクが少ない分、長期で投資しないとリターンがそれほど得られないのが特徴です。

つまり、短期間で大きく元手を増やしたい人や、イチかバチかの勝負をしたい人には向いていません。そうではなく、本業を持ちながらコツコツ資産運用をしたい人のために、米国債投資はあるのです。

確かに、30年という期間は長いです。今は35歳でバリバリ仕事をしている人でも、30年経てば定年を迎えます。その間、資産を投資し続けると考えれば、尻込みしてしまう人もいるかもしれません。

ただし、特別な事情がない限り、少なくとも定年までの間は仕事をし続けることが可能なはずです。それまでは、きちんと仕事をしつつ、日々の暮らしを営む方が実りある人生になるでしょう。

その点、米国債投資は仕事をきちんと頑張りたい人向けなのです。

◆米国の借金を肩代わりするということ

また米国の国債を保有することに対して、懸念《けねん》を感じる人もいるでしょう。もしかすると、なかには「どうせ国の借金を肩代わりするなら、米国よりも日本の方がいい」と考える人もいることでしょう。

ただ、資産運用という観点からすると、そのような発想を必ずしも正しいとは言うことができません。

投資の世界において、個人的な思想や感情を持ち込むとうまくいかないことが多いためです。どうしても米国が嫌いという人は、ある意味で仕方ないかもしれません。しかしそうではなく、「これからも日本に住み続ける予定なので、どうせなら日本の経済に賭けたい」ということであれば、格付けを思い出してください。

第1章でも紹介していますが、日本の格付けは米国よりもずっと下です。米国の国債がほぼＡａａの最高評価を得ているのに対し、日本はＡ１やＡ＋、Ａといった評価なのです。

より安全に資産を運用したいのであれば、好き・嫌いという感情に根ざした判断ではなく、格付けなどの客観的な指標によって決めた方が得策です。冷静に考え、感情論は排除するべきでしょう。

◆日本の未来と米国の未来

さらに、日本の未来と米国の未来を比較してみましょう。

まず、日本は確実に少子高齢化に向かっています。子どもが減り、高齢者が増えるということは、それだけ労働力が低下することになります。労働力が低下すれば、経済力、ひいては国力も低減していくでしょう。

その点において日本は、「課題先進国」と言われています。先進国でありながら、世界で類を見ない問題を抱えている国ということです。それらの問題を解決しない限り、大きく成長することは難しいのが実情です。

一方、米国は相変わらずの経済大国です。中国が圧倒的なパワーで国力を増大させているのは事実ですが、それでも米国の覇権国家としての地位は、当面の間、揺らぐことはないと私は考えています。

人口、経済力、軍事力、政治力、そして世界に対する影響力など、投資対象として、米国が日本よりも優れている部分はたくさんあります。両国の未来を考えたとき、どちらがより有利な投資先か、多くを語る必要はないでしょう。

途中解約は元本割れの可能性あり

◆途中解約は絶対にしないこと

米国ゼロクーポン債の魅力として、満期日にもらえるお金（償還金額）があらかじめ決まっていることが挙げられます。そのため投資する人は、株や投資信託のように、将来の売却価格を気にすることなく投資することができます。

ただし、誤解しないでいただきたいのですが、ゼロクーポン債であっても途中で解約すること自体は可能です。その場合、一般的な債券と同様に、そのときの価格（市場価格）にて売却することになります。

つまり、途中解約そのものは可能ですが、それをしてしまうと、「購入時に利回りが確定する」というゼロクーポン債の旨味を享受することができません。そのため、基本的には、途中解約をしないことが前提となります。

もし、途中解約しようとしたとき、所有している債券が購入時の価格を下回っていたらどうなるでしょうか。当然、損失が発生することになります。いわゆる「元本割れ」という事態にもなりかねません。

そのような事態を避けるために、米国債投資をするのであれば、途中解約をしなくていいような状況を構築しておきましょう。そうした意味でも前述のように、何かあった場合の預貯金を確保しておくなどの方策が大事になってきます。

あらかじめ6カ月分の生活資金を用意して、いつでも使える現金として置いておけば、米国債を途中で解約する必要もありません（この場合、タンス預金でも銀行預金でも構いません）。

そうすれば、きちんと満期日に額面金額を受け取ることができるのです。

◆各家庭のライフプランを検討しよう

もし、将来のライフプランが見通せていないという方は、あらためてその全体像を確認しておいてください。ライフプランが未定のまま投資をするとなると、あとで無理が生じてしまいます。

ライフプランの全体像を見てみると、いつ、どのくらいのお金が必要なのかが分かります。概算でも構いません。特に、大きなお金の動きを把握しておくことが大切です。そして、それらの出費に備えるのです。

米国ゼロクーポン債投資の目的も、「老後資金」という大きなお金を獲得するための手法です。そのようなシーンをあらかじめ想定し、適切に対処すれば、お金の不安を抱えたまま生活する必要はなくなります。

特に把握しておきたいのは、現在の年収と貯金額、そして将来の支出です。年収を大きく増やすのは難しいかもしれませんが、計画的に貯蓄することによって、大きな支出にも対応できるようになります。

あるいは、日々の支出を減らすのもいいでしょう。年収を大きく増やせないのであれば、支出を少しずつ減らしていき、キャッシュフローを健全化させるのです。バケツの水を増やすのではなく、蛇口を閉めればいいということです。

家庭全体の年表を制作すると、お金の流れが明らかになります。無駄を削り、動かせるお金を確保したうえで、老後の資金は米国ゼロクーポン債投資できちんと確保しておく。そうすれば、途中解約を気にする必要もありません。

為替リスクは、1ドル50円を超える円高だけ

◆米国債における為替の影響とは

米国債投資をする際に、為替の値動きが気になる方もいるかもしれません。確かに、普段は

円で生活しているのにも関わらず、資産をドルで保有しているということは、少なからず為替の影響を受けることを意味しています。

ただし、こと30年もの米国ゼロクーポン債投資の場合であれば、為替リスクを考慮に入れる必要は〝ほぼ〟ありません。ほぼと言ったのは、万が一、予想を超える激烈な円高状況などが発生した場合には、影響があるためです。

実際に、為替の値動きと米国債の価値について、シミュレーションをしてみましょう。

たとえば、近年の平均相場である1ドル110円〜120円の場合。1万ドルの米国債は「110万円〜120万円」の価値があることになります。次に、インフレが進んで、1ドル150円になったらどうなるでしょうか。同じく1万ドルの米国債は「150万円」の価値となります。1ドル200円であれば「200万円」です。

このことからも、円安が進んでいけば、米国債における日本円換算の価値は高まることが分かります。

一方、円高になったらどうなるでしょうか。1ドル100円になった場合。1万ドルの米国債は「100万円」にまで価値が下がってしまいます。同じく1ドル80円になったら「80万円」となります。

日本の政策と人口動態、社会情勢を踏まえるとさすがにないとは思いますが、1ドル50円になったら米国債の価格は「50万円」。米国債投資のリスクはこの水準まで到達した場合にあると言えそうです。

ここで、「円高になったら米国債の価値が下がる」と考える人がいるかもしれません。しかし、長期の資産形成の文脈ではそれは必ずしも正確ではありません。なぜなら米国債投資で得たドルは、必ずしもすぐ日本円に換える必要はないからです。米国債はドル建ての投資なので、そのままドルとして保有していても問題ありません。

為替はつねに変動しています。為替がゆっくりと円安に戻ってから、日本円に換えても遅くはないでしょう。

米国債投資が向かない人

◆米国債投資は〝ギャンブラー〟には向かない

ごく稀に、投資をギャンブルの一種だと誤解されている人がいます。そのような人のために、投資とギャンブルの違いについて、ここであらためて解説しておきましょう。

第4章で「つみたてNISA」について紹介しました。つみたてNISAは、米国債投資とともに、投資や資産運用についての理解がある人にとってみれば、とても魅力的な仕組みであると思われるはずです。

なぜなら一般の人が目指すべき投資のあり方とは、できる限りリスクを減らし、数%の運用益を目指すものだからです。ギャンブルのように元手が2倍や3倍に増えたり、あるいは半分やゼロになってしまったりするものとは根本的に異なります。

資産運用は、短期間ではなく、長期にわたって成果を出さなければなりません。そうなると、10%の運用益を出すこともとても難しいのです。たとえばここ30年において、以下のような金融危機が発生しています。

・ブラックマンデー（史上最大規模の世界的株価暴落）　1987年10月
・アジア通貨危機（アジア各国の急激な通貨下落）1997年7月
・山一證券の破綻（バブル崩壊の余波）　1997年11月
・米同時多発テロ　2001年9月
・リーマン・ショック　2008年9月
・東日本大震災　2011年3月

これらはあくまでも一例に過ぎません。しかし、このような予想を超えた事態が発生しても
なお、数%の運用益を上げられる投資家がどれほどいるでしょうか。
「20%を超える運用益」など、目覚ましい実績をアピールしているヘッジファンドの多くは、
あくまでも、わずか数年単位での実績を取り上げているだけなのです。30年を超えて数%の運

用益を上げることがいかに大変なのか、ぜひ想像してみてください。

◆夢を持ちすぎるのは禁物

あらゆる投資に言えることですが、投資において、夢を持ちすぎるのは禁物です。お金を大きく増やそうと考えることは、それだけ危険な道に進むことを覚悟しなければなりません。

本書で紹介している米国債投資は、残念ながら、すぐにお金を増やしたい人やとにかくたくさん儲けたいという人には向いていません。堅実に、そして着実に、お金をじっくり増やしたい方の投資法です。

そこにいわゆる「アメリカン・ドリーム」のような夢はありませんし、一発逆転への期待もありません。あるのは地道な努力によって得られる、確かな果実だけです。それが本来の資産運用ではないでしょうか。

このような発想は、「つみたてＮＩＳＡ」を打ち出した現在の金融庁とも共通しているものだと思います。事実、つみたてＮＩＳＡの投資上限は年間40万円。最高20年継続できることを考えると、最大８００万円の投資となります。

仮に、毎年40万円ほど投資できたとして、かなり運良く年平均プラス５％ほどで回せた場合だと、20年後におよそ１３２２万円になる計算となります。８００万円の元手が１３２２万円になるということは、およそ１・65倍です。つまり、かなり楽観的に見てもこのぐらいということです。

投資信託をプラス５％の利回りで20年間も回すことは、かなり野心的と言っていいでしょう。それができたときでもお金は１・65倍にしかならないとも言えます。要するに、これが金融庁の言う投資であり、資産運用ということです。

◆資産運用とは着実に増やすもの

ギャンブルが好きな人からしてみると、「うまくいっても、たったの１・65倍にしかならないのか……」という感想になるかもしれません。ギャンブルの世界は、お金が２倍３倍になったり、あるいはゼロになったりするのが普通ですから。

ただ、銀行預金や定期預金でお金が増えないと悩んでいる方にとってみれば、１・75倍でも十分に魅力的なはずです。また、米国債投資の場合であれば、ドルベースで３％近い利回りを得ることも可能です。

元本割れのリスクを回避しつつ、着実に増える方法があるのなら、その方がいいのはあたり前です。元本が減ってしまうリスクを許容できないからこそ、より堅実な方法を模索する。その先に、米国債投資はあります。

投資でお金を何倍にも増やしたいという人は、「投資」と「投機」を誤解しているのかもしれません。投資はあくまでも国や企業などの資本にお金を投じるのに対し、投機はその名のとおり機会にお金を投じます。

機会に投じることで、大きく増えることもあれば、ゼロになってしまうこともある。しかし、資本に投じたお金については、その投資対象が存続している限りゼロになることはありません。

そして投機やギャンブルというのは、結局のところ、胴元が最も儲けているものなのです。

円安が進むほど米国債投資のメリットは高まる

◆卵が1パック1000円になったら

これから先、日本がインフレに向かうのか、それともデフレに向かうのかは、誰にも分かりません。ただどちらに向かったとしても、米国債投資をしていることでリスクヘッジにもなり、安心感にもつながります。

その具体的な事例として「卵」を取り上げてみましょう。卵の価格は通常、1パック200~300円ほどです。この卵が、1パックあたり1000円になったと仮定してみます。従来の価格よりも3~5倍ほど高騰しています。

この卵が、卵特有の理由ではなく、インフレによって値上がりしていると考えてみましょう。つまり、卵だけでなく、他の商品も同じように値上がりしているという設定です。食品も、日用品も、衣料品も同様です。

これだけインフレが進んでしまうと、お金の価値が下がっていることに気づきます。これまでは200～300円で購入できていたものが、これからは1000円も必要になる。それがインフレです。

それだけのインフレが日本で進んでいるということは、日本円の価値が低く評価される可能性が高まります。つまり、円安の要因になり得るのです。為替レートが二国間の交換比率である以上、それは当然です。

インフレになって日本円の価値が下がると、ドルの評価が高くなる。その結果、ドル建ての米国債を保有している人は、資産価値が高まることになります。だからこそ、円の価値が下がっても、米国債を保有していれば安心なのです。

◆預金金利にゼロが並ぶ時代の投資法

現代では、普通預金だけでなく、定期預金の金利にもゼロが並んでいます。なかなかお金が増えていかないと嘆きながら、じわじわとインフレが進んでしまうとどうなるでしょうか。結

■大手銀行の預金金利

普通預金	金利
三菱東京UFJ銀行	0.001%
三井住友銀行	0.001%
みずほ銀行	0.001%
ゆうちょ銀行	0.001%
定期預金	金利
三菱東京UFJ銀行	0.010%
三井住友銀行	0.010%
みずほ銀行	0.010%
ゆうちょ銀行	0.010%

(2017年11月時点)

果的に、生活は苦しくなってしまいます。

大手金融機関の普通預金と定期預金の金利を見てみましょう。上表のとおりです。

各行ともに同じで、残念ながらゼロが並んでいます。いくら預金していても、増えなくて当然です。ただ、2016年2月から日本銀行が「マイナス金利政策」を実施していることもあり、この数字でも仕方ないと言えるでしょう。

銀行に預金していてお金が増えたというのは、すでに遠い過去のものとなりつつあります。過去のイメージでそのまま預金し続けていると、将来の社会や経済の変化に対応することはできません。

ただし、いつでも使える資金としての現金は必要です。

何かあったとき、すぐに動かせられるお金は必ず用意しておかなければなりません。問題なのは、それ以外の余剰資産なのです。

もし、余剰資産を銀行預金や定期預金にしているのなら、米国債を検討されてはいかがでしょうか。特に、預金でも放っておけば増えていくと考えている方であればなおさらです。事実として、銀行預金の金利にはゼロが並んでいるのですから。

◆為替のリスクは日本円のリスク

これから先、日本の国力が低下するに伴い、日本円の評価が下がるかもしれません。インフレによってお金の価値が下がり、円安によって日本円の評価もまた下がることも十分に考えられます。

それにも関わらず、お金は一向に増えていかない。そのような状況にただ耐えていると、生活は苦しくなる一方です。働いているうちはまだよくても、年金生活ともなればなおさらです。

いずれ、卵が1パック1000円になる日がこないとは、誰にも断言できません。あるいは、日本円の評価が急速に下がり、1ドル200円にならないとも限らないのです。そうなると、日本円だけで保有している資産の価値も下がります。

インフレのリスク、そして為替のリスク。将来のお金について考えるとき、これらのリスクを無視することはできません。大切なのは、そのようなリスクがあることを理解し、対処するために投資をすることです。

積立投資というのは、それらのリスクを緩和させる効果があります。特にドル建ての米国債投資であれば、長期にわたって投資を継続することにより、インフレリスクと為替リスクを軽減させます。

何もしなければ、状況は何も変わりません。リスクを直視し、賢明な行動を起こすことが求められます。

米国以外の国債はどうなのか？

◆各国が発行している国債について

国の借金である国債は、先進国の多くが発行しています。それだけ国の資金調達手法として、国債の発行が一般化されているということです。国債の格付けランキングが注目されているというのも、それだけ流通量があることを意味しています。

そうなると、気になるのは日本や米国以外の国債についてです。事実、ヨーロッパ各国やカナダ、シンガポールなど、米国よりも格付けが高い国債も存在しています。

例えば、ムーディーズ、スタンダード・アンド・プアーズ（S&P）、フィッチ・レーティングス（フィッチ）など、最高評価のトリプルAをつけている国は世界で10カ国あります（2017年10月時点）。具体的には次の通りです。

ドイツ／ルクセンブルク／オランダ／スイス／デンマーク／スウェーデン／ノルウェー／カナダ／シンガポール／オーストラリア

米国の場合、S&Pのみ準最高ランクのAA+となっているため、ランキング上は11位となっています。このことからも、「より格付けが高い債券の方がいいのではないか」と考える人がいても自然なことです。

しかし、投資における「流動性」という観点から考えると、他国の国債はお勧めできません。最大の理由として挙げられるのは、まず、流通していないためです。流通とは世界中でということではなく、日本にいる一般の人が買えない、という意味です。

もちろん、格付けが高い国に移住して、その国の国債を購入するのならそれでもいいでしょう。ただ、そのような人はごくわずかです。多くの人は日本で生活しつつ投資することを考えていることでしょう。

そうであれば、容易に購入できる米国債に勝るものはありません。

◆投資先は総合的に判断

また、いくら格付けが良くても、その国の金利が低ければ当然、利回りは悪くなります。ヨーロッパ各国など、国の財務状況を反映した結果、金利が低くなっているところは少なくありません。

一方で、他国とは比較にならないほどの高利回りをウリにしている国もあります。ただこのような国の国債は、格付けが低いことからも明らかなように、経済的なリスクをはらんでいる場合がほとんどです。

ちなみに、投資対象となる国そのもののリスクを「カントリー・リスク」と言います。国債を発行する国の政治・経済状況などにより、元本割れや途中売却ができないなどのリスクも考慮しておいた方がいいでしょう。

流動性、金利、そして経済リスクなど、国債を購入する際の発想としては、そのような複合的な視点が欠かせません。どこか一点だけ優れていてもダメなのです。そうなると、バランス的に考えてみてもやはり、米国の国債が最もお勧めできると言えそうです。

日本との関係性からも同様です。米国は日本の同盟国であり、最大の親日国でもあります。両国の関係性から考えても、投資対象としては申し分ないのではないでしょうか。情報収集も比較的しやすいはずです。

そしてドルの安心感も魅力です。世界の基軸通貨としても評価されているドルは、他国の通貨より信用できます。そのようなドルを保有するという目的からも、米国債投資は向いているのです。

◆証券会社が勧める商品には注意

もちろん本書は、米国債以外の国債を保有することを、必ずしも否定する立場ではありません。むしろ、リスクヘッジの観点から、他の国の国債に投資するというのも有効であると思います。

とはいえ、米国債投資をすることは、米国債に執着することではありません。米国債という優れた金融商品について知り、その魅力を理解したうえで将来の資産形成のために購入すること。そして、堅実な投資を始めることが目的です。

米国債に投資する前に、他国の国債まで比較検討してしまうと、それだけ投資の時期が遅くなってしまいます。また、実際に比較してみると分かりますが、米国債のバランスはそれだけ優れているのです。

あとは、証券会社で国債を購入する際に、勧められた投資信託などを購入しないように注意してください。何度も述べているように、多くの投資信託は手数料が高すぎます。顧客の視点に立っていないのです。

投資信託だけでなく、証券会社が勧める金融商品については、容易に判断しない方が得策です。自分で判断できないのであれば、米国債にだけ投資しておけば、まず大きな問題にはなりません。

投資というのはあくまでも「自己責任」です。いくら証券会社が勧めてくれたからと言っても、最終的な責任は投資家本人が負うことを肝に銘じていただきたいと思います。

「利付」米国債とは？

◆米国債には「利付」もある

本書で紹介している米国債投資について、わざわざ「ゼロクーポン債」という名前をつけているのには理由があります。ここまでお読みになり、勘の良い方であれば、「定期的に利子がもらえる国債もあるのではないか」と思われるかもしれません。

事実、そのような国債はあります。いわゆる「利付債」と呼ばれているものです。ゼロクーポン債が満期日に額面金額をもらえるだけなのに対し、利付債は定期的に利子が支払われるのが特徴です。

たとえば10年物の国債であれば、年2回半年ごと、利子（利金）が支払われます。利子のことを「クーポン」と表現することもあります。

ただし、利子が定期的に支払われるということは、年金代わりにはなりません。せっかく長期投資をしようと考えていても、利子が定期的に支払われてしまうため、当然元本は戻ってくるものの、投資金額が大きく成長して戻ってくることはありません。

とくに複利のメリットを考えると、利付債は不利であると言えます。複利の良いところは、雪だるま式にお金が増えるところです。そこから利子を削除してしまえば、それだけ増えるお金も減ってしまいます。

中長期的に安定したお金を得るための資産運用なのに、利付債によって定期的にお金を得た結果、そのお金を再投資しない限り最終的には、額面金額が償還されて終わりです。お金を定期的にもらえるとはつまり、複利の効果が半減されるということなのです。

◆やっぱりゼロクーポン債がお勧め

利付債とゼロクーポン債の違いを、次頁の表で確認してみましょう。

このように利付債には、償還日までの毎年、利子（利金）が発生しています。しかしその分、複利の効果が得にくいのはすでに述べたとおりです。

■利付債のイメージ

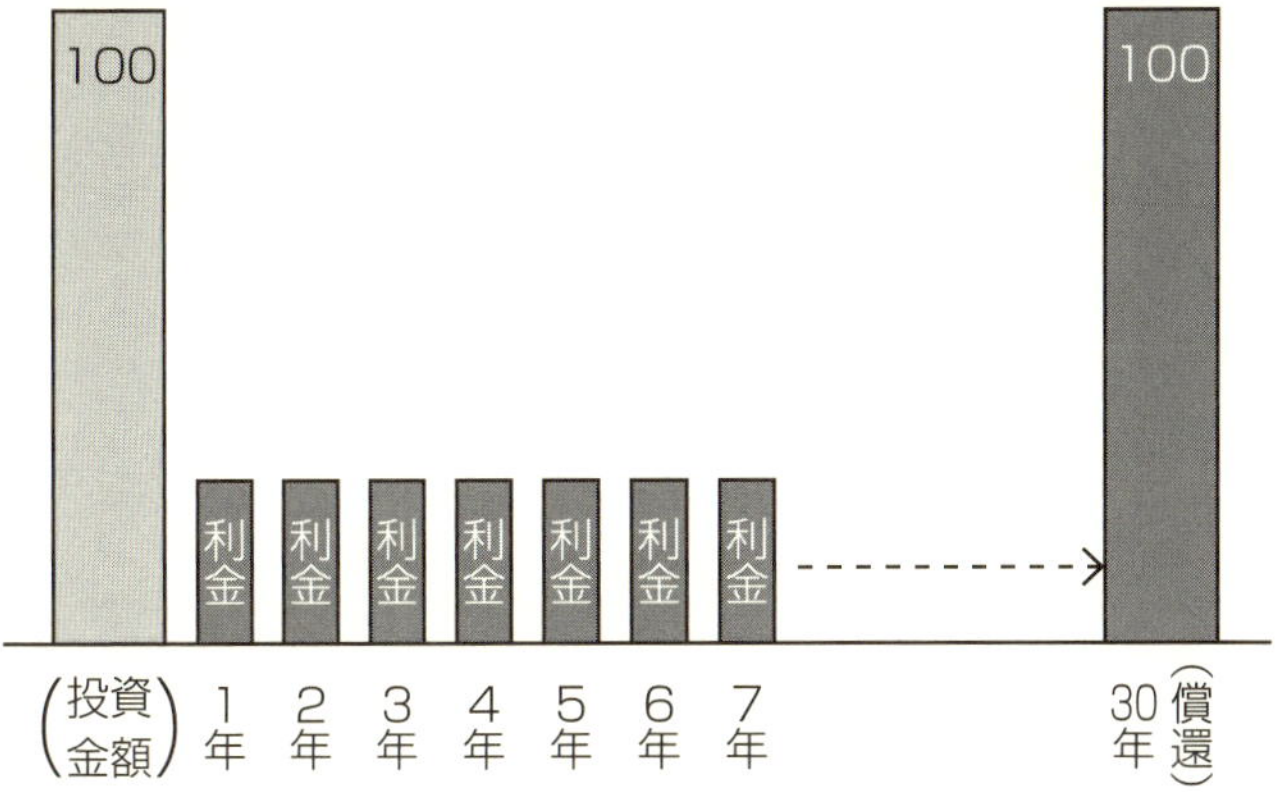

■米国ゼロクーポン債のイメージ

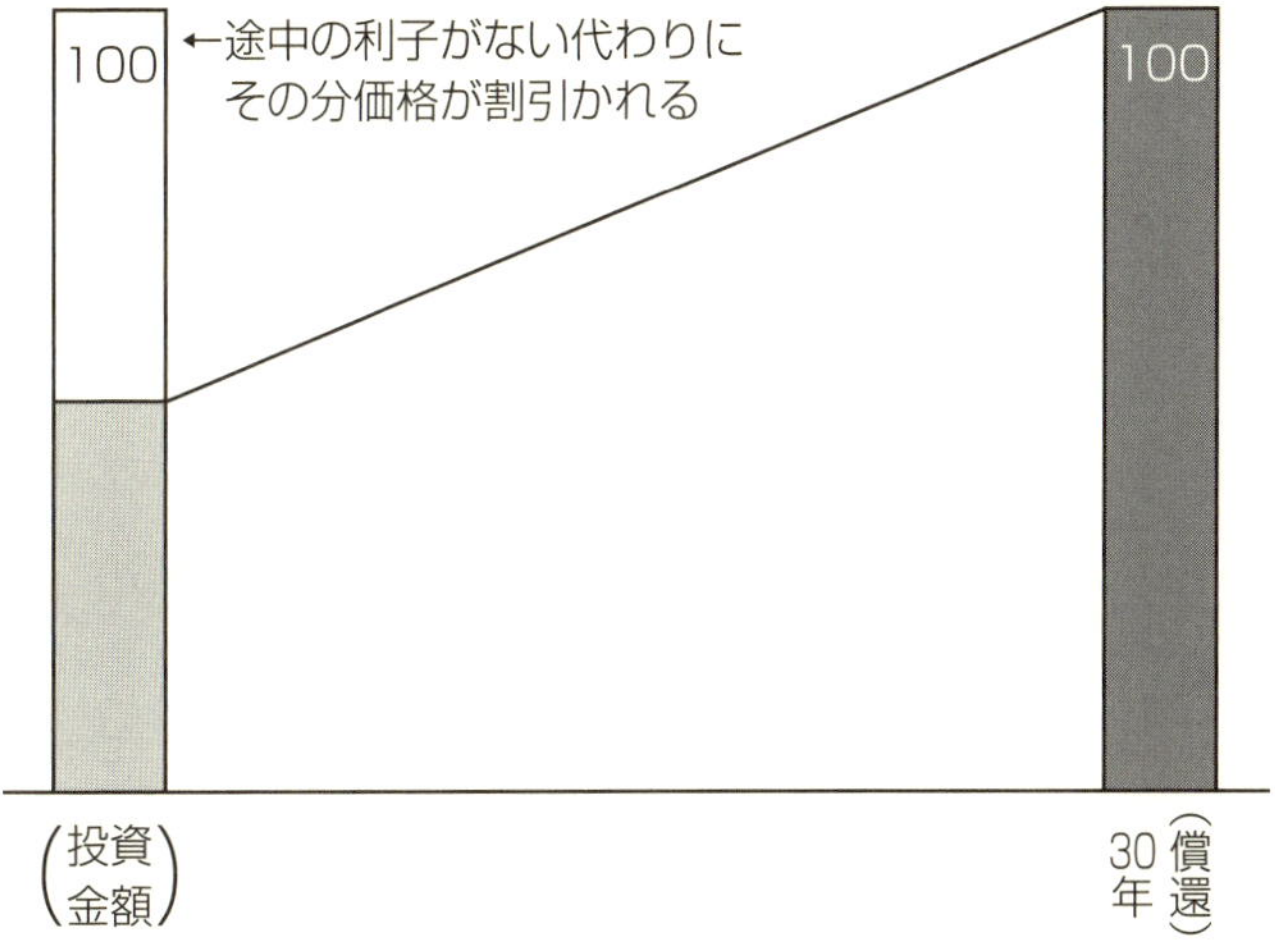

それでも利子を得たい方は利付債を検討するといいでしょう。

一方、ゼロクーポン債は、途中に利子が支払われるのではなく、投資額が雪だるま式にふくらんでいくため、複利効果を得られます。利付債のような途中の収入はありませんが、その分、償還日が楽しみな投資です。

資金に余裕のある方は、利付債とゼロクーポン債を組み合わせることで、毎年の利子をもらいながら、より有利な状況で資産運用をすることもできます。ただし、いずれにしても資産形成の中心はゼロクーポン債であることを忘れないようにしてください。

また、利付債の注意点として、得られた利子をどうするのかという点も考えておく必要があります。本来、お金をそのまま寝かしておくのではなく、利回りを得るための投資です。利子として得たお金をそのままにしていては意味がありません。

とくに、お金があるとつい使ってしまうという方は、利付債投資に向いていません。むしろ、償還日まで放っておけるゼロクーポン債に集中し、無駄遣いしない習慣を身につけた方がいいでしょう。

第6章

◆

生命保険をやめて米国債を買う

あなたは毎年、保険料をいくら払っていますか？

◆月々の保険料を再確認

いくら米国債投資が優れた資産運用法であるとご理解いただいても、投資に必要な資金が捻出できなければ「絵に描いた餅」です。

そこで本章では、米国債投資に必要なお金を用意する方法について解説していきます。

私が着目したのは、日本人の大半が加入している「任意保険」です。任意保険の内容を本当の意味できちんと見直し、自分や家族に必要なものは継続し反対に不要なものは中止する。この作業を行うことにより、米国債投資に必要な資金を確保できると考えています。

生命保険文化センターが実施している「生活保障に関する調査（平成28年度）」によると、生命保険に加入している人は、男女ともに8割を超えているとされています。具体的には、全年齢の平均として男性で80・6%、女性で81・3%となっています。

ちなみに、実際に支払っている年間保険料の平均値は、男性が22・8万円、女性が17・4万円となっています。

※民間の生命保険会社や郵便局、JA（農協）、県民共済・生協等で取り扱っている生命保険や個人年金保険の加入者のうち、実際に保険料を支払っている人の年間払込保険料（一時払や頭金の保険料は除く）

もちろん、これらの数値はあくまでも平均です。実際にはより多くの保険料を支払っている人もいるでしょう。

加えて、預貯金の額を加えると、より多くの余裕資金があると考えられます。それらを考慮すれば、保険を見直すことによって、月々4万円ほど捻出することはそれほど難しいことではないはずです。

ためしに、ご自身の保険料について確認してみてください。月々、どのくらい支払っているでしょうか。

保険商品は「定期」だけでいい？

◆本当に必要な「生命保険」とは？

保険本来の役割から考えても分かるように、多くの人にとって本当に入るべき保険は、「定期」の「生命保険」だけだと言えそうです。そもそも保険というものは、不測の事態に対応するためにあるからです。

確かに、一家の大黒柱が大病を患ってしまったり、あるいは突然亡くなってしまったりしたら、残された家族は生活できません。そのような事態を想定して、生命保険に入っておくべきなのです。

そう考えると、既存の定期保険だけでカバーできるはずです。余計なオプションなどはつけなくても、定期の生命保険に入っておけば、いざというときでも安心です。それが保険における本来の役割です。

一方で、貯蓄型の保険やがん保険、入院保険などは本当に必要なのでしょうか。とくに高額なそれらの保険は、その必要性を再考するべきでしょう。特に、自ら調べて加入しているのでなければ、あらためて考え直した方がいいはずです。

貯蓄型保険について再考をお願いする最大の理由は、保険商品の好き嫌いといった感情論ではなく、現在の日本国内の運用環境の悪さ、とりわけ限りなくゼロに近い金利環境、これに尽きます。

これでは、たとえ保険会社がいかに優秀な運用ノウハウを駆使《くし》しようとも、顧客目線で見た貯蓄としての十分なリターンを提供することは到底無理と言わざるを得ません。

昔、大変人気のあった商品に養老保険がありましたが、今では考えられないほど金利水準が高かったのです。

保険会社の貯蓄型商品が再び魅力的になるために、現在の超低金利環境が変わってくることを期待したいとも思います。

◆生命保険の掛け捨ては必須

テレビを見ていると、連日のように保険のコマーシャルが流れています。そのことからも、いかに保険各社がお金をかけて加入者を獲得しようとしているのかが分かります。

もちろん、保険のすべてが悪いと言っているわけではありません。保険商品が増えるに従い、どうしても無駄なものが多くなってしまっているということです。本当に必要な保険は、原則として定期の生命保険だけです。

提供している保険会社にもよりますが、定期の生命保険は料金が割安です。掛け捨てにはなってしまいますが、月々数千円レベルで加入することができます。それなら、「安心料」として支払うだけの価値はあるでしょう。

特に家庭がある人にとっては、残された家族のことを考えなければいけません。保険の実態を知り、保険が嫌いになってしまったとしても、定期の保険でいざというときに備える必要はあるのです。

もし、事故や病気によって重度の障害が残ってしまったり、あるいは亡くなってしまったりしたとき、残された家族はどうなるのか。そのとき、保険料がきちんと支払われることによって、当面の生活は成り立ちます。保険が本当にありがたいと感じられる所以《ゆえん》です。

あまり考えたくないことかもしれませんが、保険本来の役割をきちんと理解して、いざというときのために備えましょう。

他の制度とうまく組み合わせること

◆充実している日本の社会保障制度

定期保険や貯蓄型保険以外にもさまざまな種類の保険が販売されていますが、自分や家族にとって何が必要で何がそうでないのか、それを判断するうえでのポイントとして挙げられるのが、充実した日本の「社会保障制度」です。日本の社会保障制度は、大きく4つの制度から成り立っています。

①社会保険

医療：健康保険、後期高齢者医療制度など

年金：国民年金、厚生年金

雇用：雇用保険

労災：労働者災害補償保険、船員保険など

介護：介護保険

②公的扶助

生活保護、その他の社会手当

③社会福祉

児童福祉、母子福祉、障害者福祉など

④**公衆・環境衛生**

医療：健康増進対策、感染症対策など
環境：生活環境整備、公害対策など

このように、イギリスの社会保障制度にある「ゆりかごから墓場まで」を参考にした日本の社会保障制度は、とても充実しています。また時代の流れを反映して、その都度、整備されているのも特徴です。

これらの社会保障制度があることをきちんと理解していれば、民間の保険に入るべき部分について、ごくわずかでいいことが分かります。問題なのは、このような制度があることを知らず、勧められるまま任意保険に加入してしまっている実態です。

特に医療費については、「高額療養費制度」などもあるため、任意保険でカバーするべき部分は限られています。この制度にはあらかじめ「自己負担限度額」が設定されており、例えば年収400万円の人が1カ月100万円という高額の医療費を払うことになっても、わずか8万7430円の支払いで済むことになります（厚生労働省『高額療養費制度を利用される皆さまへ』より／2017年12月現在）。

そうなると、あらかじめ必要な生活費だけを貯蓄しておけば、不測の事態にも十分対応が可能なはずです。

◆保険は最低限が常識

これだけ制度が充実している現状を踏まえると、保険は最低限でいいということがイメージできるかと思います。

残念なのは、このような制度があることについて、多くの人が認知していないことです。制度の周知が徹底できていない行政にも責任はあるかもしれませんが、あくまでも自己責任の社会なので仕方がないとも言えそうです。

私たちができることと言えば、保険商品の適性をよく理解し、必要な最低限の保険に加入することだけです。そのうえで、自分のお金は自分で管理していくこと。米国債投資や、つみたてＮＩＳＡなど、適切な方法で資産運用をしていくことです。

そしていざというときには、公的な制度もきちんと活用する。医療、年金、雇用、労災、介護など、社会保険だけでも充実しています。

これらの制度があれば、大抵のことは対処できるのです。

保険の担当者に米国債の話をしてみよう

◆無駄な保険はすぐに解約しよう

最後に、保険を解約する際の注意点についても触れておきます。多くの人は、保険の営業マンから勧められて保険に加入しているはずです。つまり、どなたか窓口の人がいるということになります。

もし、保険を解約しようと決意したら、まず、その窓口の人に連絡を取ることになるでしょう。そうするとどうなるか。電話をしてからすぐに、その担当者がやってくるはずです。いわく「なぜ、そう考えたのか」と。

そのとき、保険の担当者は、あの手この手で解約を考え直すように説得してきます。そこは百戦錬磨のプロです。あらかじめ対策を練っておかなければ、言いくるめられてしまうかもしれません。

だからこそ、事前になぜ解約するのかを明確にしておきましょう。理由を誠実に、きちんと説明できるようにしておくのです。そうすれば、保険の担当者がやってきても納得してくださることでしょう。

そのときに注意したいのは、情に流されてしまわないことです。つい、「お世話になっている方に言われたから……」と思ってしまうものですが、そこは心を鬼にして、きっぱりと断るべきです。読者のみなさんの多くは、日々懸命にお金のやりくりをされているはずです。その苦しい現実を忘れないでいただきたいのです。

◆「払い止め」というマジックワード

「保険を解約しようとしたら、時間をかけて説得されてしまった」。そのような経験がある人も多いことでしょう。熱心に営業をかけられてしまうと、無下に断れない気持ちも分かります。

そのような人は、無理に解約するのではなく、「払い止め（いわゆる「払済保険」）」を利用するようにしてください。払い止めと解約は異なります。解約は契約そのものを終了させるものですが、払い止めの場合、契約自体は残ります。

払い止めによって支払いをストップさせると、特約などはなくなってしまいますが、払い込んだ分の金額に応じて保障を受けられる場合があります。保険会社によっても内容は異なるため、担当者に聞いてみるといいでしょう。

保険を解約することは、保険の営業マンにとっても痛手のはずです。そうでないと、必死に引き止めようとはしないでしょう。ただ、払い止めという手段を提案することにより、納得してもらえる可能性は高いです。

そのうえで、どうしても解約したいのであれば解約すればいいでしょう。いずれにしても、それ以降は保険料を支払う必要がないため、出費を抑える効果があります。そのお金で、米国債を始めてもいいのです。

きちんと理由があって保険を解約しようとしている人に対し、保険を継続させることはできません。払い止めするにしても、その理由を誠意を持ってきちんと説明するようにしてください。そうすれば、悩まなくても済むのです。

第7章

老後の資金が毎月10万円入ってくる

もしも65歳から年金プラス10万円がもらえたら

◆年金プラス月々10万円は大きい

年に1度、証券会社に電話を入れて毎年、額面金額1万ドル分の米国ゼロクーポン債（30年物）を購入し、30年間ほったらかしにしておく。そうすることで、30年後からは毎年、1万ドルが戻ってくることになります。

もちろん、これまで説明してきたとおり、購入金額は1万ドルよりもはるかに安いので、その差額が収益となるわけです。

毎年1万ドルということは、1ドル120円で換算すると120万円です。つまり、一月あたり10万円、余分にお金が使えることになります。月々10万円というのは、思った以上に大きいものです（税金及び為替変動は考慮せず）。

公的年金の平均支給額が5万5千円ほどなので、その2倍です。公的年金と合わせると、それだけで15万円。もしすでに住宅を購入していれば、住居費がかかることなく、15万円を自由に使えることになります。

このように、公的年金にプラス10万円をもらえるように準備できるのが、米国ゼロクーポン債のいいところです。株や投資信託のように、売却時にいくらになったのかと心配することなく、堅実に運用することが可能です。

日本FP協会の調査によると、老後のお金に不安を感じている人は、20歳以上の日本人男女の8割を超えているとのことです（『全国の20歳以上男女1200人に聞いた「老後とお金に関する調査」』2016）。

つまり、ほとんどの人が老後のお金を心配しているということです。

それがまさに、米国ゼロクーポン債によって解消されるのです。

◆年間120万円のゆとり

定年後の収入が年金だけだった場合を考えると、プラス10万円の余裕は生活にゆとりをもたらします。しかも、きちんと毎年のように米国債投資を行ってきた方であれば、投資した年数だけ満期日が続くのです。

35歳から始めて30年の間を絶え間なく続けてきた方であれば、65歳から満期日を迎え、それから95歳になるまで毎月10万円のお金がもらえることになります。想像しただけでも、老後が楽しみになりそうではないでしょうか。

もちろん、1万ドル（1ドル120円換算で120万円）を12カ月で割らなくても構いません。あくまでも、使えるお金が1年でおよそ120万円、1カ月では10万円ほど増えるとご理解いただければいいでしょう（税金及び為替変動は考慮せず）。

国立社会保障・人口問題研究所の予測（2017年度調査・日本の場合）によると、2050年時点での平均寿命は男性で85.46歳、女性で91.91歳となっています。この数値が平均であることを考慮しても、95歳まで米国債の収入があれば十分です。

また総務省統計局の統計では、一般的な家計支出は1カ月あたり28万円ほどなのに対し、高齢者夫婦世帯の支出はおよそ26万円となっています。

介護費用や住宅のリフォーム費用など、いわゆる「予備費」も用意しておきたいのであれば、あらかじめ貯蓄をしておけば問題ありません。もちろん、その分をつみたてＮＩＳＡなどで運用しておくという方法もあります。

◆保有しているだけで安心な米国債

米国債投資がドル投資である以上、為替の影響は考慮しなければなりませんが、それでも、ドルベースで毎年決まった金額が入ってくること、それが約束されているのが、米国ゼロクーポン債であり、米国債投資の素晴らしいところです。

また、世の中が円安に向かえば、よりプラスになって戻ってくる可能性もあります。円安に向かうかそれとも円高に向かうかは分かりませんが、現状を鑑みると、どちらに向かいやすいかは予想できるはずです。

ちなみに、長期円安を予想できる要因は以下のようなものがあります。

・少子高齢化
・労働人口の減少
・社会保障費の増大と大胆なコストカットができない年齢ピラミッド構造（選挙の投票行動含む）
・消費税増税の難しさ（国民の意識）
・年金原資の枯渇
・中間層の崩壊
・社員の給与が物価上昇に追いつかない（消費にお金が回りにくい）
・日本が直面する課題（先進諸国が初めて直面する課題が山積み）

一方、円高に向かう要因は次の通りです。

・日本の国力アップ（信用力上昇）

・日本の経常収支の増加
・米国の金利低下
・日銀による金融引き締め
・市場（マーケット）のリスクオフ

長期的に円安なのか円高なのか、確実な予測など誰にもできません。

しかし、年金やタンス預金が、円安のリスクヘッジにならないことは確かです。万が一、日本円の水準が変わらず、国力も低下しないと考えたとしても、米国債投資による安定的な収入があれば助かることに変わりはありません。

米国ゼロクーポン債は、保有しているだけで安心材料になるのです。

米国債投資に必要なのは「口座」「キャッシュ」「スマホ」だけ

◆米国債投資に必要なもの

米国債投資に必要なものは、たったの3つしかありません。「口座」「キャッシュ」「スマホ（電話）」だけです。この3つを用意すれば、証券会社の営業時間内であれば、すぐに米国債投資を始めることができます。

まず口座とは、証券会社の口座のことです。米国ゼロクーポン債を購入するには、米国債を取り扱っている証券会社に口座を開き、そのうえで取引を開始する必要があります。インターネット上でも開設できますが、店舗に足を運んでもいいでしょう。

とくに最初のうちは、証券会社の店舗に行ってみることをお勧めします。そこで担当者と実際に会い、証券会社とはどのようなところなのかを知っておくことです。そうすることで、イメージがつきやすくなります。

口座開設までの期間については、おおむね３日から１週間ほど見ておくようにしてください（証券会社によって異なります）。

次にキャッシュとはつまりお金のことです。資金がなければどんな金融商品も買うことはできません。あらかじめ資金を用意したうえで口座を開設すれば無駄がないでしょう。もちろん、先に口座を開いておいても構いません。

証券会社にもよりますが、米国債の最低購入価格は１０００ドルとされています。日本円にすると約12万円です（１ドル１２０円で換算）。投資額が少ないとリターンも少なくなってしまうため、一定額が貯まってから購入するようにしてください。

最後はスマホ（電話）です。証券口座を開設する際、あるいは実際に注文するときに、電話が必要になります。米国債の注文は基本的に電話一本で可能なので、自分用の電話を用意しておくと便利でしょう。

◆準備ができたら注文しよう

米国債投資の準備が整ったら、証券会社に電話します。窓口で対応しても構いませんが、電話で済ませた方が時間と労力の削減になります。証券会社の営業時間内に、電話をかけてみましょう。

米国ゼロクーポン債を購入するためには、まず、証券会社に入金しなければなりません。購入する米国ゼロクーポン債が額面金額で1万ドルであれば、残存期間によって購入単価が決まります。その必要な額を入金しておく必要があるのです。

米国債はドル建ての金融商品なので、購入時にはドルを保有していなければなりません。そのため、証券会社に入金したお金は、すぐにドルへと換えておきましょう。もちろん購入時に換えても問題ありません。

例えば担当者とのやり取りとしては、「入金している日本円をドルに両替して、そちらで販売している米国ゼロクーポン債（30年物）を購入してください。額面金額は1万ドルです」と伝えるだけです。在庫があれば、問題なく取引が完了します。

電話では、注文した額面金額分の米国ゼロクーポン債に対して、必要な購入価格を教えてもらえます。インターネットからも確認できるため、特にチェックしておく必要はありませんが、気になる方は聞いておきましょう。

最後に、購入した米国ゼロクーポン債については、「保護預かり」でお願いするようにしてください。それで米国債投資に必要な手続きは完了です。後日、関係書類が郵送されてきます。念のため、内容を確認しておいてください。

◆米国債の買い方　まとめ

①口座を開く。総合口座以外にドルを置いておく「外貨口座」も一緒に開く。
②口座に日本円をあらかじめ送金しておく。
③円を売ってドルを買う。
④ゼロクーポン債を額面ベースでどれだけ購入するか、検討して決定する（額面1万ドル分など。30年物であれば４５００ドル程度〈２０１７年10月時点〉）。
⑤担当営業に電話し、購入する。購入資金は自分の口座から決済される。

⑥購入した後は、保護預かりしてくれるので、買ったことは忘れて本業に専念する。

⑦1年後に上記②〜⑤を電話一本で実行する。15分以内に終了可能。購入後は本業に専念する。

⑧この作業を毎年1回ずつ続けていく。

◆気になる「口座管理料」について

第4章の手数料に関するお話でも言及していますが、米国債に関する口座管理料は証券会社によって異なります。たとえば野村證券であれば無料ですし、大和証券であれば年間3000円プラス消費税がかかります（2017年10月時点）。

もっとも、口座開設そのものにお金がかかることはありませんし、スマホ（電話）についてもお持ちのもので構いません。お金は最初の投資までに用意しておけばそれでいいのです。3つのツールに特別な費用は不要です。

保険を解約し、すでにまとまった資金があるという方は、すぐに始めていただいても構いません。むしろ、なるべく早くスタートした方が、支給される時期が前倒しされるため、あとが楽になります。

あらかじめ証券会社への準備を進めておけば、資金が用意できた段階でスタートすることも可能です。口座が準備できるまでの期間を考えると、その方がいいかもしれません。空いた時間を見つけて、手続きを進めておきましょう。

手続きは他の金融商品のなかで、最も簡単

◆複雑な手続きは一切なし

米国債投資は、購入の手間がほとんどないことも魅力のひとつです。とくに本書でお勧めしているような「年に1回、1万ドル（額面金額）」であれば、すでに述べているように、1年に1回、証券会社に電話するだけでいいのです。

株や投資信託のように、企業情報やその中身、あるいは価格を細かくチェックしたりする必要はありません。1万ドルの米国債がいくらなのかはネットですぐに確認できますし、電話で聞いてもいいでしょう。

購入時の価格（購入単価）が気になる方は、あらかじめインターネットでチェックしておいてください。そのときの単価をすぐに見ることができます。ただ、気にしすぎるとスタートするタイミングを逃しかねないので、注意してください。

どこの証券会社に口座を開設するべきかについては、ご自身で判断するようにしてください。ちなみに、米国ゼロクーポン債を取り扱っている証券会社については、以下のようなものがあります。

- **野村證券**
- **大和証券**
- **三菱ＵＦＪモルガン・スタンレー証券**

ただし、米国債の取扱状況については、その時々で変わります。今は在庫があったとしても、タイミングによっては在庫を切らしているということもあるでしょう。口座を開設する際に、あらかじめ確認しておくことです。

◆米国債を取り扱う金融機関とは

米国債の特徴からして、この金融商品は、証券会社が積極的に取り扱いたいと考えるものではありません。すでに言及してきたとおり、証券会社は手数料収入によって成り立っています。その点、米国債は証券会社にとって旨味がないのです。

米国債を取り扱っている金融機関が少ない理由もそこにあります。購入するタイミングが限られていますし、さらには何度も買ったり売ったりすることが想定されていません。金融機関が積極的に売りたがらないのも無理はありません。

そのため、どの証券会社にどのくらいの在庫があるのかについて、各社が積極的に打ち出すこともないでしょう。これから先、きちんと在庫をキープしてもらえるよう、祈るしかありません。

ある証券会社に問い合わせてみたところ、すでに取り扱いをやめていたという話もありました。特に昔ながらの大手でない証券会社であれば、そのような判断をすることもあり得ます。随時、チェックしておくことが大事です。

そのように、在庫のことを考えても、米国債はなるべく早く始めた方が得策です。どの証券会社にもまったく在庫がないということは考えにくいですが、買いたいときに買えないのはストレスになります。

もし、ひとつの証券会社とだけ付き合っているのであれば、複数の証券会社に口座を開いておくのもいいかもしれません。そうすれば、欲しいときにそのタイミングで無理なく購入することができます。

◆コンサルタントもセミナーも不要

実際に米国債を購入してみると分かりますが、手続きも含めて極めて簡単に購入することができます。複雑な作業は必要ありません。分からないことがあれば、証券会社の担当者が丁寧に教えてくれます。

株や投資信託を購入する場合であれば、営業マンから詳しい説明を聞いたり、あるいはコンサルタントからの指導を受けたり、あるいはセミナーへの参加など、やるべきことはたくさんあります。

その点、米国債投資は手間がかかりません。購入までの手間、そして複合的な視点による判断も不要です。営業マンはもちろん、コンサルタントやセミナーも不要です。自分で自分の老後のために購入するだけです。

注文の電話も10〜15分ほどで済んでしまいます。つまり1年に1回、10〜15分だけ時間を確保しておけばいいのです。それだけで、老後の月々10万円が手に入ります（額面1万ドル、1ドル120円。税金及び為替変動は考慮せず）。時間も労力もほとんどかかりません。

証券会社によっては、インターネットで完結することもできるようになるかもしれません。そうすれば、電話する必要すらありません。スマートフォンから注文できれば、外出先でも発注できるでしょう。

証券そのものが手元に残らないので不安を感じる方もいるかもしれませんが、実際には「保護預かり」として、証券会社とは別勘定で保管されるので心配する必要はありません。

古都の老舗の旦那衆も米国債は御用達

◆知る人ぞ知る米国債

米国債にまつわるエピソードとして、私の知人の事例を2件紹介します。

1件目は京都にある呉服問屋の三代目の話です。いわゆる資産家と呼ばれる部類に入る人です。おおむね10億円を超える資産を保有しています。

その彼に対し、米国債の話をしたことがあります。かつてゴールドマン・サックスにいた私は、米国債の有用性について熟知していたため、「米国債というのがあるけれど、ぜひお勧めするよ」と話したところ、なんとその彼はすでに知っていたのです。

しかもその呉服問屋では、代々、資産の一部を米国債で保有していたそうなのです。やはりそれだけの資産がある人ともなると、資産は積極的に増やすものではなく、守るものとなります。そのため、よりリスクの少ない投資手法を常にチェックしています。だからこその米国債なのです。

このエピソードからも分かるように、米国債投資は、富裕層の間では一般的な投資法となります。

ある意味において、米国債は営業マンが必要ないのかもしれません。なぜなら、資産運用についての知識がある人であれば、自然とその魅力が理解できるためです。呉服問屋の彼のように。

2件目の事例です。

以前、私の友人が保険解約の際、某生命保険会社代理店のトップセールスマンと米国債について話したことがありました。代理店のトップセールスマンということは、保険商品について熟知しているはずです。もちろん、資産形成にも詳しいでしょう。

そのときは激論になりました。やはり保険会社の社員としては、保険商品を活用してライフプランを立ててもらいたいと考えているのでしょう。そうなると、米国債を否定しなければなりません。

しかし、論理的に考えれば考えるほど、米国債の魅力は確かなものとなっていきます。きっと、そのトップセールスマンの頭の中でも、納得はしたくないけど、数字としては米国債の方が優れているとなったのでしょう。

話を終えたとき、帰り際に彼は友人にこう言いました。

「正直なところ、自分は自社の保険商品が最も優れていると考えていました。ただ、米国債の存在は知らなかったのです。今日、米国債の話を聞き、そちらの方が安全でリターンも上だと分かりました。だから、私も米国債を買うことにします」

この言葉こそ、米国債のすべてを物語るものではないでしょうか。

20代からの「ズボラ年金」の始め方

◆資産形成に最適なポートフォリオ例

ここまでの話の総まとめに加え、米国ゼロクーポン債を活用した最適なポートフォリオを紹介します。あらためて、次頁の表をご覧ください。

この図からも分かるように、資産構成は大きく2つのステップに分かれています。まず、第1ステップ（土台）として、「公的年金」「米国ゼロクーポン債」「現金（生活費6カ月分）」があります。これらが、老後の生活を支えるまさに土台となります。

次に第2ステップとして、よりリスクのある投資を行います。本書で提案しているのは「つみたてNISA」です。つみたてNISAで購入できる投資信託は、一般的な投資信託とは異なり、手数料が低めに設定されています。むしろ、それらを厳選しているのがつみたてNIS

■著者の勧める理想的なポートフォリオ

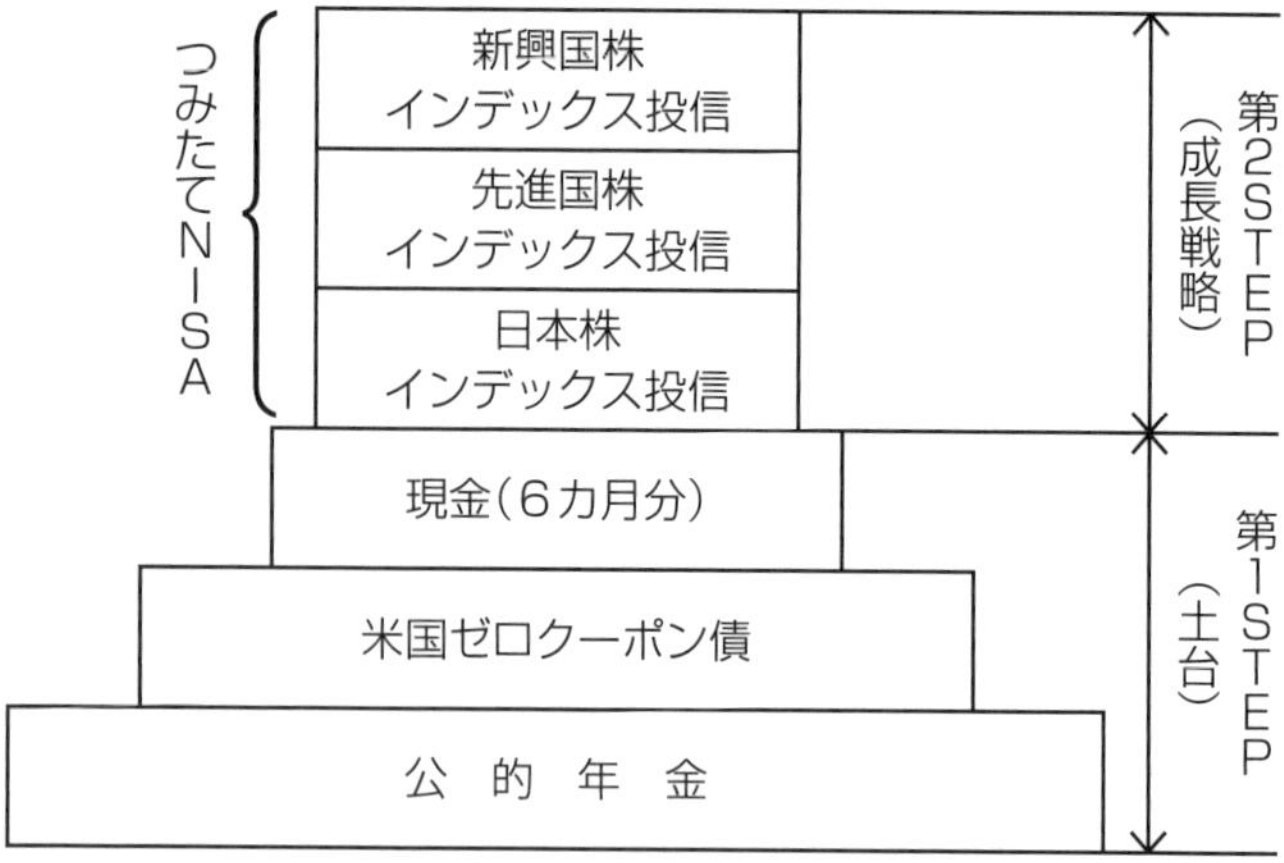

Aなのです。

つみたてNISAの中身として最も適切と思われるのは、「日本株」「先進国株」「新興国株」の各インデックス投信の組み合わせです。これによって世界経済全体の成長に投資できることになります。

実際に第1STEPとして、米国ゼロクーポン債から始めてみましょう。

収入金額の1割を投資に回すことを目標に、まずは額面1万ドルの30年物米国ゼロクーポン債を毎年1回購入することを基本とします（どうしても資金的に厳しい方は、額面を5千ドルにするなど、投資額を小さくして対応いただいても結構です。あくまで続けられる無理のない範囲で行ってください）。

この作業を続けることで将来の土台づくりができてきたら、第２ＳＴＥＰに移り、つみたてＮＩＳＡを使って「日本株」「先進国株」「新興国株」のインデックス投信を選び、それぞれに毎月１万円ずつ投資していきます。この作業をつみたてＮＩＳＡの非課税期間である、トータルで20年間継続します（第１ＳＴＥＰ同様、資金次第で各５千円ずつにするなど、臨機応変に対応してください）。

第１ＳＴＥＰを経て第２ＳＴＥＰに進むのでなく、同時進行させることも可能ですが、その際重要なのは、自分がどこまでリスクを取っているのかを把握できているかどうかです。各自のリスク許容度に応じ、ストレスなく安心して継続できる金額と商品バランスをくれぐれも意識するようにしてください。

個人型確定拠出年金「iDeCo（イデコ）」と米国債

◆「iDeCo」とは？

最後に、個人型確定拠出年金「iDeCo」について、その概要を紹介します。

そもそもiDeCoとは、月々積み立てるタイプの金融商品です。その意味では、つみたてNISAや米国債とも似ています。

ただし、つみたてNISAや米国債が途中売却可能な一方、iDeCoは原則として途中解約を前提としていません。そのため、より公的年金に近い制度であると理解した方がいいでしょう。

iDeCoならではの良さとしては、積立した金額が全額、所得控除の対象となることです。そのため節税効果があると言えそうです。また、運用益に関しても非課税で、受け取る際には、「公的年金等控除」や「退職所得控除」の対象となります。
積み立ての額については、月額5000円以上、1000円単位となります。上限は職業によって異なり、以下のようになっています（2017年12月時点）。

公務員：月1万2000円
会社員（企業年金あり）：月1万2000円・2万円（※1）
会社員（企業年金なし）：月2万3000円
専業主婦（夫）：月2万3000円
自営業：月6万8000円（※2）

※1企業年金の種類によって異なります。
※2国民年金基金や付加保険料と合わせて6万8000円が限度となります。
また国民年金保険料が未納の月は掛金を納めることはできません。

実際の給付については、「老齢給付金」「障害給付金」「死亡一時金」の3タイプがあり、「老齢給付金」は原則として60歳から給付請求が可能となります。ただし、通算加入者等期間によって異なるので注意してください。

通算加入者等期間	**受給開始年齢**
10年以上	満60歳
8年以上10年未満	満61歳
6年以上8年未満	満62歳
4年以上6年未満	満63歳
2年以上4年未満	満64歳
1カ月以上2年未満	満65歳

◆理想的なポートフォリオづくりのために

最後に、理想的なポートフォリオづくりのヒントとして、投資対象となり得る金融商品の違いについてまとめておきます。こちらの対応表を踏まえて、最終的な意思決定をしていただければと思います。

■投資対象となる金融商品の違い

	元本保証	手数料	利回り	目先収入	流動性	安定性	複利
米国ゼロクーポン債	○	○	○	×	○	○	○
利付米国債	○	○	○	△	○	○	×
株式	×	×	△	△	○	×	×
投資信託	×	×	△	△	△	△	△
つみたてNISA	×	○	△	×	○	△	○
iDeCo（イデコ）	△	△	△	×	×	△	○
銀行預金	○	○	×	×	○	○	×
タンス預金	○	○	×	×	○	○	×
個人年金保険（円建て）	○	×	△	×	×	○	○

教えて！米国債　Q&A

Q：米国ゼロクーポン債は米国が破綻したときはどうなるのですか？

A：満期時に償還されなくなるリスクがあります。現実的には投資した全額がなくなることは考えにくいですが、一部が毀損される可能性は大きいでしょう。

Q：為替リスクはありますか？

A：ドルへの投資である以上、理論上、為替リスクはあります。ただ実際には、30年後に1ドル約50円以下の円高にならない限り、投資額を下回ることはありません（2017年10月時点）。

Q：将来の為替の変動によっては、米国ゼロクーポン債の償還金額も変わりますか？

A：はい、変わります。たとえば額面1万ドルの米国ゼロクーポン債を購入し、30年後1ドル

100円であれば償還金額は100万円、1ドル80円なら80万円、1ドル150円なら150万円となります（いずれも税金は考慮せず）。

Q：途中で売却することはできますか？

A：いつでも売却できます。しかしその時々の金利状況によって、価格が上下するため、投資金額を大きく下回るリスクがあります。結論として途中売却はお勧めできません。投資する前に、今後、手をつける可能性があるかどうか慎重に判断してください。

Q：野村證券や大和証券が途中で倒産したら、米国ゼロクーポン債はどうなりますか？

A：購入した米国ゼロクーポン債は会社とは別勘定で保管されているため、証券会社のリスクとは切り離されています。万が一、金融機関が倒産しても、購入した米国ゼロクーポン債に影響はありません。

Q：米国ゼロクーポン債はどこでも購入できますか？

A：取り扱いしている証券会社は少ないのが実情です。総合証券である野村證券や大和証券では、扱っている米国ゼロクーポン債の種類が比較的多く、またホームページ上では日々、在庫と値段をチェックすることができます。

Q：実際に米国ゼロクーポン債を購入する方法を教えてください。

A：証券会社に口座をつくります。日本円の口座以外に、ドルを置いておける口座も必要です。口座開設後、日本円を送金します。希望する米国ゼロクーポン債の種類と購入する金額（たとえば額面で1万ドル）を証券会社の営業に伝え、購入します（最終的にいくらの日本円が必要かは先方が教えてくれます）。

Q：米国ゼロクーポン債の購入は電話一本でできるのですか？

A：はい、できます。最初の口座開設には実際に店頭まで行く必要がありますが、それ以降は一切出向く必要はありません。電話で購入の指示が可能です（口座開設も郵送で可能な場合もありますが、一度は実際に相手方に会ってみることをお勧めします）。

Q：米国ゼロクーポン債は購入手数料がゼロですか？

A：株や投信と異なり、米国ゼロクーポン債の購入時に公式の手数料はかかりませんが、実際には購入価格に証券会社の収益分が含まれていますので、感覚的には、購入時に1回だけすでに手数料分を払っていると考えていいでしょう。30年保有して1回だけです。

Q：それ以外の手数料はかかりませんか？

A：米国ゼロクーポン債は途中の維持費も、償還時も一切手数料がかかりません。

Q：米国ゼロクーポン債の償還時には税金がかかりますか？

A：税制は絶えず変化するため、正しく回答することは困難ですが、２０１７年現在、償還時に投資金額との差額（いわゆるキャピタルゲイン）に対し、税金がかかります。償還に至るまでは一切税金はかかりません（税務の詳細については専門家にご相談ください）。

Q：なぜ10年や20年ではなく、30年の米国ゼロクーポン債がお勧めなのですか？

A：米国ゼロクーポン債の最大の魅力は、世界屈指の安全性と30年という長期にわたる複利効果を最大限、享受できることです（借金が雪だるま式に増えるのも複利効果）。現在の低金利の環境では、10年程度の投資期間では、魅力的なリターンを狙うのが非常に困難と言わざるを得ません。今後、米国の金利が大きく上がるのを期待したいところです。

Q：米国ゼロクーポン債の値段は毎日変わるのですか？

A：はい、変わります。米国債市場において金利は日々変化しており、そのため投資家が購入する米国債の値段も変わります。

Q：投資リターンが確定するとはどういう意味ですか？

A：株や投信、不動産、ゴールドと違い、債券は将来迎える償還時にその額面金額が返還されます。たとえば額面1万ドルの米国ゼロクーポン債を購入し、満期まで保有すれば確実に1万ドルで戻ってきます（税金及び為替変動は考慮せず）。購入した時点ですでに将来戻ってくる金額が決まっている、つまり投資利回りが確定しているのは、最も大きな利点です。

Q：投資金額は1回につき日本円で約50万円が必要なのですか？

A：いいえ、そんなことはありません。米国ゼロクーポン債の取引単位は額面1000ドルと少額から投資可能です。たとえばひと月で用意できる資金が2万円の場合は年間24万円ですから、概算で額面5000ドルの30年物米国ゼロクーポン債を購入すれば、満期時に5000ドルで償還、毎月日本円で4~5万円が期待できる計算になります（税金及び為替変動は考慮せず／2017年10月時点）。

Q：なぜ日本人が将来も日本で生活をするのに、日本円の保有だけではリスクがあるのですか？

A：将来にわたってデフレが続き、円高の環境しかあり得ないのであれば、日本円だけを保有しても問題はありません。円の価値が下がらないからです。問題は「円の価値が下がらないと決めつけてよいか？」ということです。緩やかであろうと急激であろうと、日本がこの先インフレに向かうと信じるならば、円の価値は下がります。日本円だけで自分の資産を構成するのは避けるべきでしょう。

あとがき

本書を最後までお読みいただき、誠にありがとうございました。

米国ゼロクーポン債を使った資産づくりというテーマとは関連性がないように思われるかもしれませんが、最後に、みなさんに大切なメッセージをお伝えしたいと思います。

そのメッセージとは、みなさんが今後どんな人生を歩んでいかれるにしても、本業として与えられた目の前の仕事にひたすら打ち込んでいただきたいということです。

趣味もワークライフバランスも大切ですが、あえてこう言わせてください。まずは、目の前の仕事を一心不乱にやること。好きでも嫌いでも、まずはやってみること。嫌な上司がいても、嫌な顧客がいても、まずはやってみるのです。

とくに若いビジネスパーソンの方は、騙されたと思って3年はやってみてください。

本気で3年向き合えば、いつしかみなさんの意識が変わっていることに気がつかれるでしょう。本業とはただ食うため、稼ぐためだけの手段ではないと感じられるはずです。

長い人生において重要な、数々の学びの機会が、本業のなかに幾重にもなって散りばめられています。お金をもらいながら多くの学びを得られるなんて、こんないいことは世の中どこを探しても見当たりません。

ぜひ、本業に専念し、自分だけのキャリアを地道にコツコツと積み上げていってください。心・技・体を磨き上げ、キャリアを積んだ先に見えてくるのは、会社や親や国のいずれにも依存しない、堂々たる生き方です。

依存するのではなく、自分が持っている力を世のため人のために提供できる人になること。そのとき初めて、真の意味での自立と自由を手に入れた自分に出会えることでしょう。

米国債とは、新しいステージに向かって日々、努力、研鑽するみなさんにとっての最強の相棒であり、応援団であると私は確信しています。

本書を上梓するにあたり、この機会に御礼申し上げたい大先輩が一人。節目節目に、その大きな器と包み込む笑顔で大切な教えをいただいております、生涯の師、尾仲善則様。いつもありがとうございます。まだまだ洟垂《はなた》れの小生ですが、いつか恩返しができますよう益々精進いたします。

大切な友人が二人。煮え切らない怠惰な私の背中を押し続け、仕事再開のきっかけをつくってくれた中井敏君。この仕事によって、一人でも多くの不安を抱えた人を助けるのが使命であると熱く語ってくれた我が人生最強の後輩であり、盟友でもある加藤洋君。二人が友達でいてくれることを誇りに思います。ありがとう。

最後に、扱いづらい夫を見限ることなく、辛抱強く裏方に徹し、四半世紀の長きにわたり支え続けてくれた妻に、この場をお借りしてお礼を言わせてください。本当にありがとう。

本書を最後まで読んでくださったみなさま、ありがとうございました。この本が一人でも多くの方のお役に立つことができましたら、著者として望外の幸せです。

２０１８年１月

株式会社ゴールドハーツ代表　杉山暢達

編集協力／山中　勇樹
上村　雅代
株式会社 天才工場
カバーデザイン／渡邊　民人（ＴＹＰＥ ＦＡＣＥ）
本文デザイン／梅津由紀子（ＴＹＰＥ ＦＡＣＥ）

杉山暢達（すぎやま・のぶみち）

株式会社ゴールドハーツ代表。1967年大阪府生まれ。

1989年京都大学法学部を卒業後、ゴールドマン・サックス証券に入社。

2000年マネージングディレクター。2004年パートナー（全社員のなか上位約300人）に選ばれるも、これを辞退。2005年ゴールドマン・サックス証券を退職し、金融業界を引退。

現在はファイナンシャルプランナーとなり、株式会社ゴールドハーツを設立。

http://www.goldhearts.jp
E-mail:goldhearts@asahinet.jp

証券会社《しょうけんがいしゃ》がひた隠《かく》す
米国債投資法《べいこくさいとうしほう》

2018年1月30日　初版第一刷発行

著　者　杉山暢達《すぎやまのぶみち》

発行者　栗原武夫

発行所　KKベストセラーズ
〒170-8457東京都豊島区南大塚2-29-7
電話：03-5976-9121（代表）
http://www.kk-bestsellers.com

印刷所　錦明印刷株式会社

製本所　ナショナル製本協同組合

DTP　株式会社オノ・エーワン

定価はカバーに表記してあります。乱丁・落丁がありましたらお取替えいたします。本書の一部あるいは全部を無断で複製複写（コピー）することは、法律で認められた場合を除き、著作権および出版権の侵害になりますので、その場合はあらかじめ小社宛てに許諾をお求めください。

©Nobumichi Sugiyama, 2018, printed in japan

ISBN978-4-584-13843-4 C0033